中央線がなかったら
見えてくる東京の古層
陣内秀信・三浦展 編著

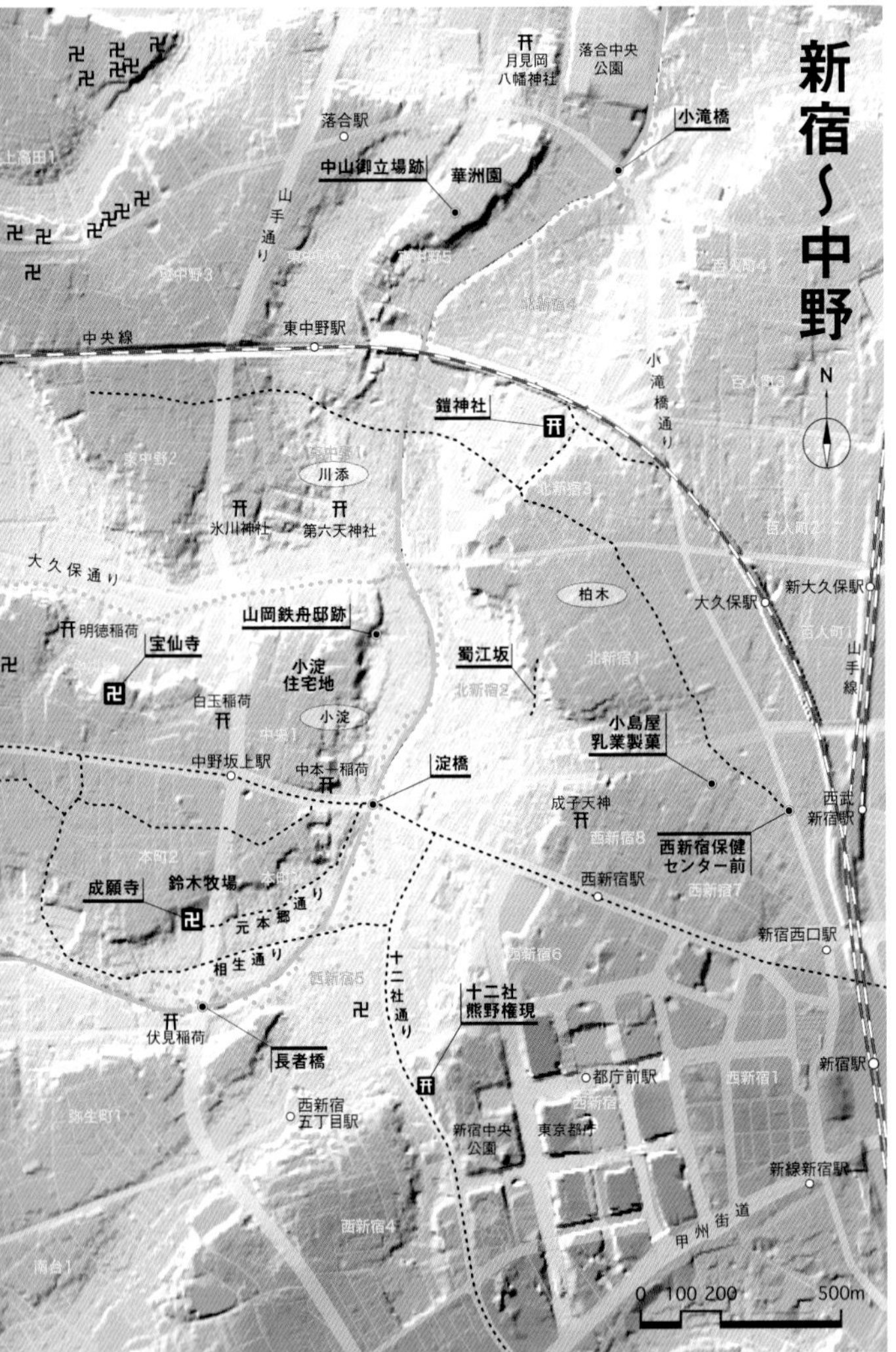
新宿〜中野
N
月見岡八幡神社
落合中央公園
小滝橋
落合駅
中山御立場跡
華洲園
山手通り
中央線
東中野駅
小滝橋通り
鎧神社
川添
氷川神社
第六天神社
大久保通り
柏木
新大久保駅
大久保駅
山岡鉄舟邸跡
明徳稲荷
宝仙寺
蜀江坂
小淀住宅地
白玉稲荷
小淀
北新宿1
北新宿2
山手線
小島屋乳業製菓
中野坂上駅
中本一稲荷
淀橋
成子天神
西武新宿駅
西新宿保健センター前
西新宿8
本町2
成願寺
鈴木牧場
元本郷通り
西新宿駅
西新宿7
相生通り
新宿西口駅
西新宿6
十二社通り
西新宿5
十二社熊野権現
伏見稲荷
長者橋
都庁前駅
新宿駅
西新宿1
西新宿五丁目駅
新宿中央公園
東京都庁
新線新宿駅
甲州街道
西新宿4
0 100 200 500m

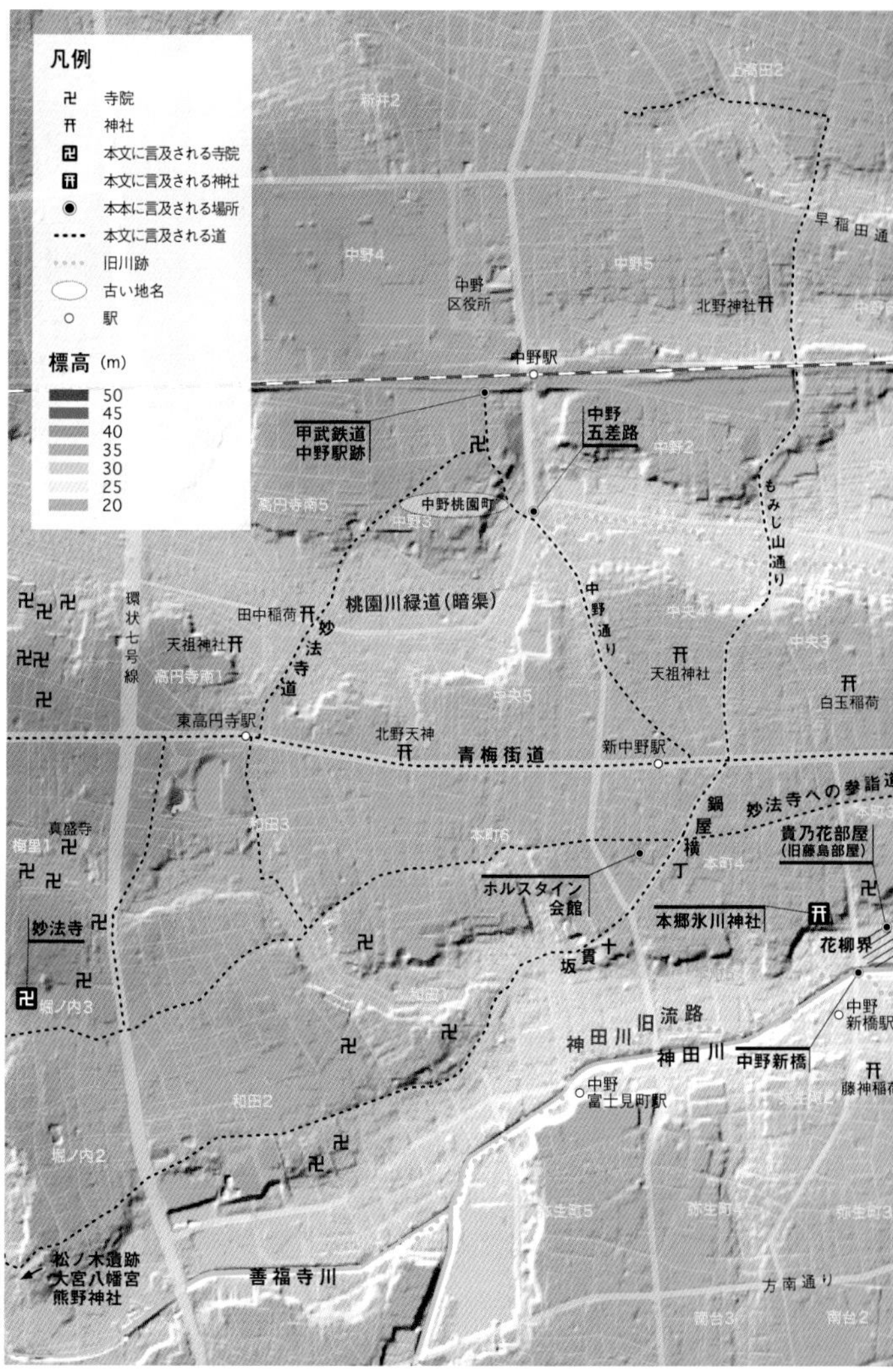

凡例
寺院
神社
本文に言及される寺院
本文に言及される神社
本本に言及される場所
本文に言及される道
旧川跡
古い地名
駅
標高 (m)
50
45
40
35
30
25
20
早稲田通
中野区役所
北野神社
中野駅
甲武鉄道中野駅跡
中野五差路
中野桃園町
もみじ山通り
桃園川緑道(暗渠)
環状七号線
田中稲荷
天祖神社
妙法寺道
中野通り
天祖神社
白玉稲荷
東高円寺駅
北野天神
青梅街道
新中野駅
鍋屋横丁
妙法寺への参詣道
真盛寺
貴乃花部屋(旧藤島部屋)
ホルスタイン会館
本郷氷川神社
妙法寺
十貫坂
花柳界
神田川旧流路
神田川
中野新橋
中野新橋駅
藤神稲荷
中野富士見町駅
松ノ木遺跡
大宮八幡宮
熊野神社
善福寺川
方南通り

中野〜阿佐ヶ谷
早稲田通り
(陸軍用地だった道)
庚申通り商店街
(囲町)
(陸軍中野学校跡)
中野サンプラザ
氷川神社
地蔵前
谷
高円寺駅
中央線
中野駅
御殿山
御立場
高円寺
鳥見役宅
パル商店街
雉山
中野桃園町
北田園
堀之内新道(かいばいどう)
稲荷前
桃園川緑道
高円寺南通り
ルック商店街
六ツ塚
天祖神社
天祖神社
(寺前通り)
ニコニコロード
中野通り
新高円寺駅
山谷
西野天神北野神社
新中野駅
馬橋駅
旧高円寺駅
旧妙法寺口駅
東高円寺駅
旧天神前駅
青梅街道
旧鍋屋横丁駅
鈴管原
馬場
梅橋
妙法寺参道
やまと山
蛇窪
博奕山
東小沢
信楽山
浅賀公園
裏田圃
梅橋
清水窪
妙法寺
谷戸
駒屋敷跡
入谷
火の見下
神田川
田島
十三塚
門前
環状七号線
谷戸
中野富士見町駅
南田圃
三家
本陣山
四辻
入谷
熊野神社
砂風呂
山下の堰
広町
ばっけ
墓下
今井さん堰
水車
比丘庵
方南町駅
大正寺山
砂利根
てんば(捨て場)
凡例
鷹場・鷹狩りに関係する場所
古い地名(『杉並区の通称地名』より)
昭和初期の東京市電の駅
現在の駅
N
標高 (m)
50
45
40
35
30
20

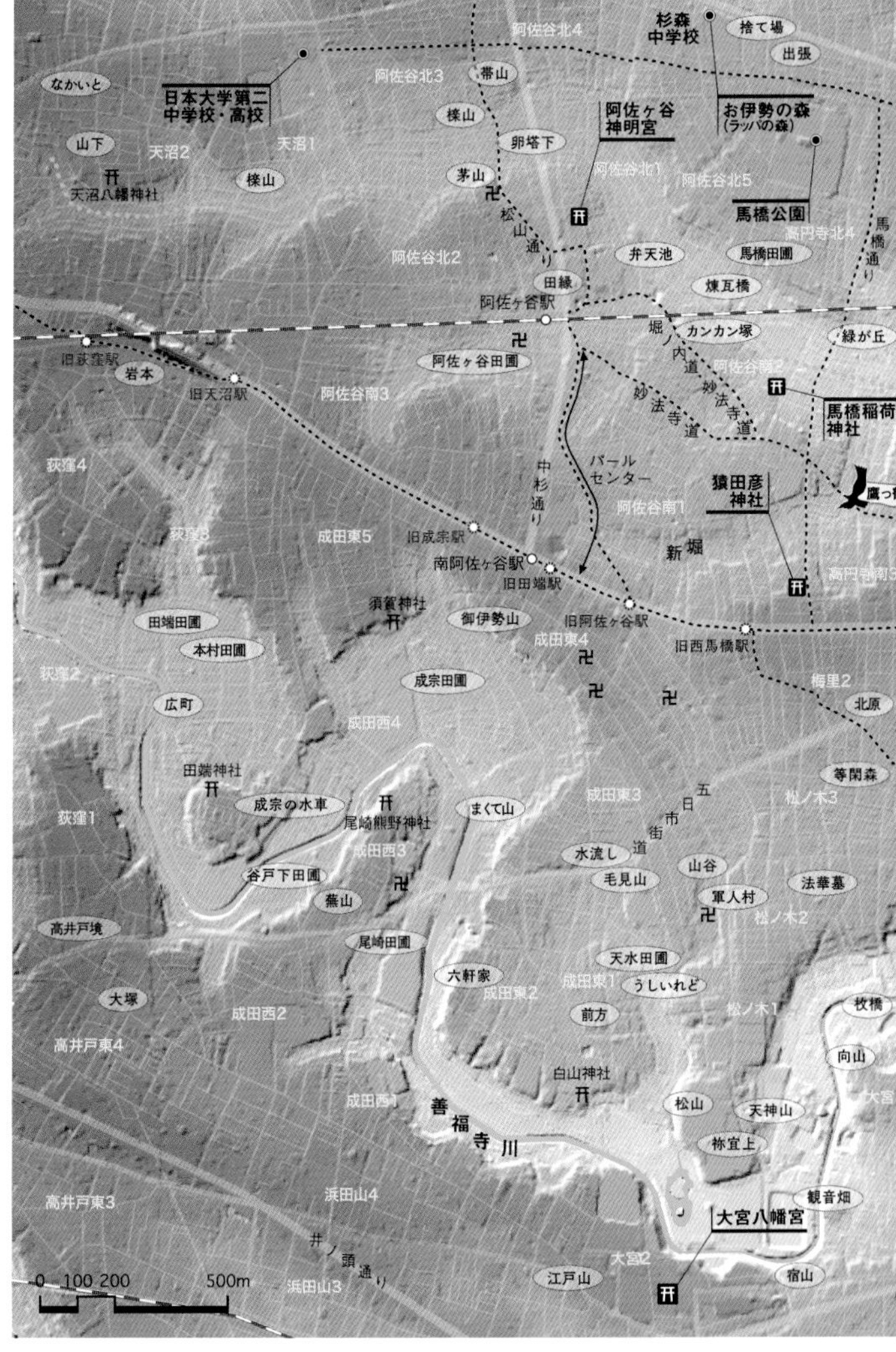
杉森中学校
捨て場
出張
阿佐谷北4
日本大学第二中学校・高校
阿佐谷北3
帯山
なかいと
榛山
阿佐ヶ谷神明宮
お伊勢の森
(ラッパの森)
山下
天沼2
天沼1
卵塔下
茅山
榛山
天沼八幡神社
阿佐谷北1
阿佐谷北5
松山通り
馬橋公園
馬橋通り
高円寺北4
阿佐谷北2
弁天池
馬橋田圃
田縁
煉瓦橋
阿佐ヶ谷駅
堀ノ内道
カンカン塚
緑が丘
旧荻窪駅
岩本
旧天沼駅
阿佐ヶ谷田圃
阿佐谷南2
阿佐谷南3
妙法寺道
妙法寺道
馬橋稲荷神社
荻窪4
中杉通り
パールセンター
猿田彦神社
阿佐谷南1
荻窪3
成田東5
旧成宗駅
新堀
南阿佐ヶ谷駅
旧田端駅
高円寺南3
須賀神社
田端田圃
御伊勢山
旧阿佐ヶ谷駅
本村田圃
成田東4
旧西馬橋駅
荻窪2
成宗田圃
梅里2
広町
北原
成田西4
田端神社
等閑森
成宗の水車
尾崎熊野神社
まくて山
成田東3
五日市街道
松ノ木3
荻窪1
成田西3
水流し
山谷
谷戸下田圃
毛見山
法華墓
蕪山
軍人村
松ノ木2
高井戸境
尾崎田圃
天水田圃
六軒家
成田東1
うしいれど
成田東2
大塚
成田西2
前方
松ノ木1
枚橋
高井戸東4
向山
白山神社
成田西1
大宮
善福寺川
松山
天神山
祢宜上
高井戸東3
浜田山4
観音畑
大宮八幡宮
井ノ頭通り
大宮2
江戸山
宿山
浜田山3
0 100 200 500m

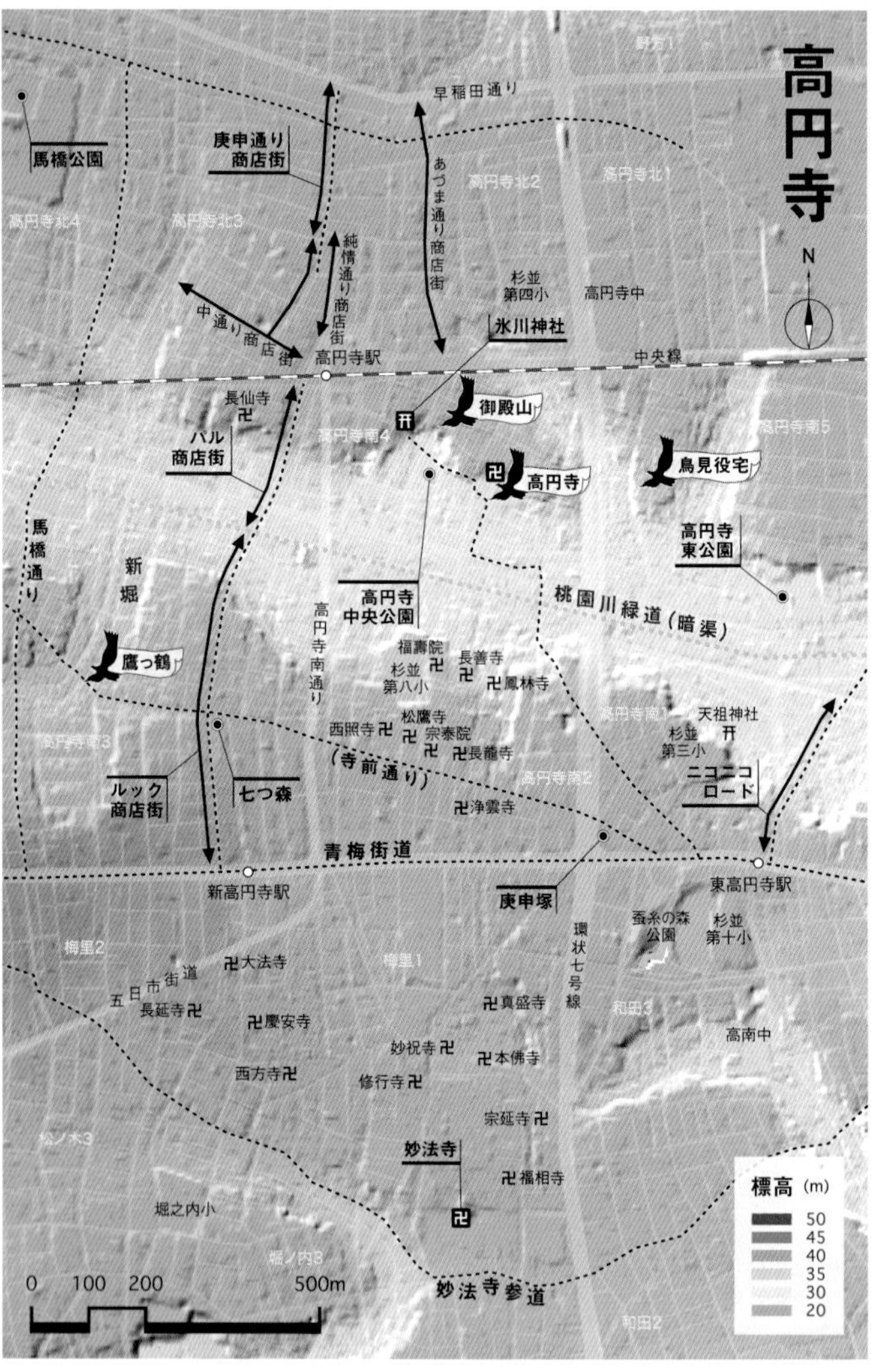

高円寺
N
早稲田通り
庚申通り商店街
馬橋公園
あづま通り商店街
純情通り商店街
中通り商店街
高円寺北4
高円寺北3
高円寺北2
高円寺北1
杉並第四小
高円寺中
氷川神社
高円寺駅
中央線
長仙寺
御殿山
パル商店街
高円寺南4
高円寺
鳥見役宅
高円寺南5
高円寺東公園
馬橋通り
新堀
高円寺中央公園
桃園川緑道(暗渠)
高円寺南通り
福壽院
長善寺
杉並第八小
鳳林寺
鷹っ鶴
松鷹寺
宗泰院
西照寺
長龍寺
高円寺南1
天祖神社
杉並第三小
高円寺南3
(寺前通り)
高円寺南2
ルック商店街
七つ森
ニコニコロード
浄雲寺
青梅街道
新高円寺駅
東高円寺駅
庚申塚
環状七号線
蚕糸の森公園
杉並第十小
梅里2
梅里1
大法寺
五日市街道
長延寺
真盛寺
和田3
慶安寺
高南中
妙祝寺
本佛寺
西方寺
修行寺
宗延寺
松ノ木3
妙法寺
福相寺
堀之内小
堀ノ内3
妙法寺参道
和田2
0 100 200 500m
標高 (m)
50
45
40
35
30
20

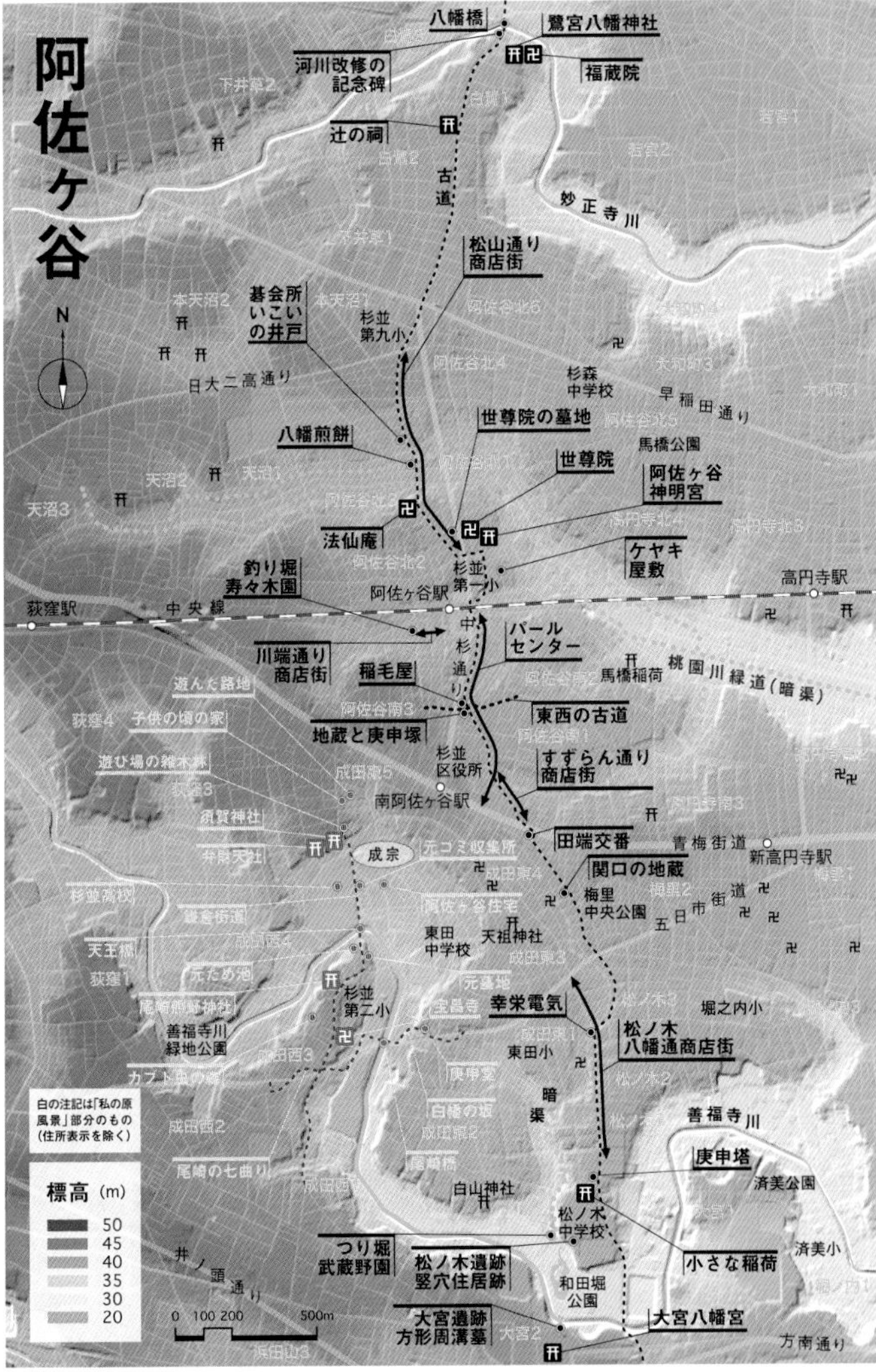
阿佐ヶ谷
N
八幡橋
鷺宮八幡神社
河川改修の記念碑
福蔵院
辻の祠
古道
妙正寺川
松山通り商店街
碁会所いこいの井戸
杉並第九小
日大二高通り
杉森中学校
早稲田通り
八幡煎餅
世尊院の墓地
馬橋公園
世尊院
阿佐ヶ谷神明宮
法仙庵
ケヤキ屋敷
釣り堀寿々木園
杉並第一小
阿佐ヶ谷駅
高円寺駅
荻窪駅
中央線
中杉通り
パールセンター
川端通り商店街
稲毛屋
馬橋稲荷
桃園川緑道（暗渠）
東西の古道
地蔵と庚申塚
杉並区役所
すずらん通り商店街
南阿佐ケ谷駅
須賀神社
田端交番
青梅街道
新高円寺駅
成宗
関口の地蔵
梅里中央公園
五日市街道
東田中学校
天祖神社
幸栄電気
杉並第二小
堀之内小
松ノ木八幡通商店街
善福寺川緑地公園
東田小
暗渠
善福寺川
白の注記は「私の原風景」部分のもの（住所表示を除く）
庚申塔
標高（m）
50
45
40
35
30
20
白山神社
済美公園
松ノ木中学校
つり堀武蔵野園
松ノ木遺跡竪穴住居跡
済美小
小さな稲荷
和田堀公園
井ノ頭通り
0 100 200 500m
大宮遺跡方形周溝墓
大宮八幡宮
方南通り

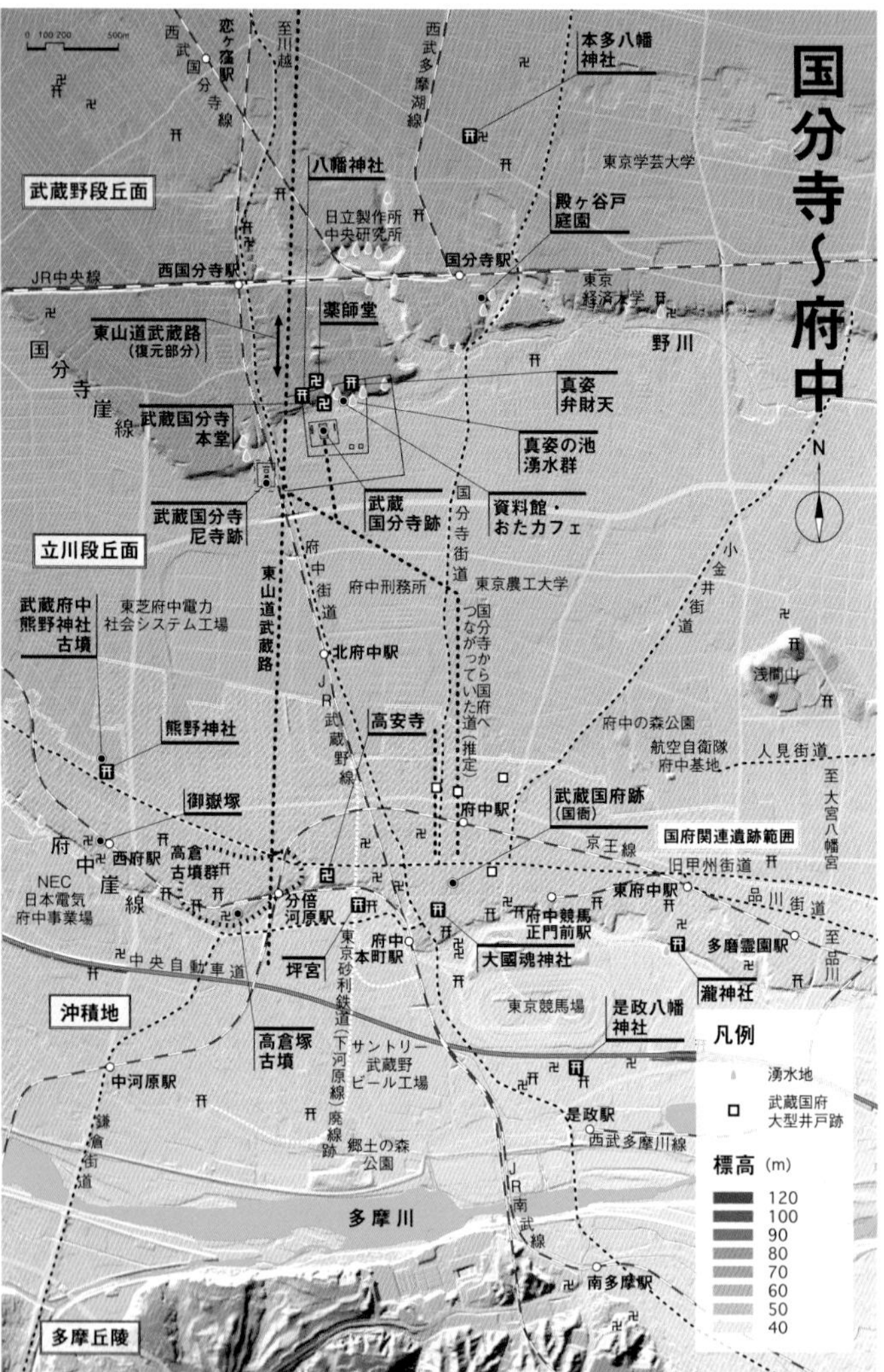

国分寺〜府中
武蔵野段丘面
立川段丘面
沖積地
多摩丘陵
恋ヶ窪駅
西武国分寺線
至川越
西武多摩湖線
本多八幡神社
東京学芸大学
八幡神社
日立製作所中央研究所
殿ヶ谷戸庭園
国分寺駅
JR中央線
西国分寺駅
東京経済大学
野川
薬師堂
東山道武蔵路（復元部分）
国分寺崖線
真姿弁財天
武蔵国分寺本堂
真姿の池湧水群
武蔵国分寺跡
資料館・おたカフェ
武蔵国分寺尼寺跡
府中街道
国分寺街道
府中刑務所
東京農工大学
東山道武蔵路
小金井街道
武蔵府中熊野神社古墳
東芝府中電力社会システム工場
国分寺から国府へつながっていた道（推定）
北府中駅
浅間山
JR武蔵野線
熊野神社
高安寺
府中の森公園
航空自衛隊府中基地
人見街道
至大宮八幡宮
御嶽塚
府中駅
武蔵国府跡（国衙）
国府関連遺跡範囲
京王線
府中崖線
西府駅
高倉古墳群
旧甲州街道
NEC日本電気府中事業場
分倍河原駅
東府中駅
府中競馬正門前駅
品川街道
府中本町駅
大國魂神社
多磨霊園駅
中央自動車道
坪宮
東京砂利鉄道（下河原線）廃線跡
至品川
瀧神社
東京競馬場
是政八幡神社
高倉塚古墳
サントリー武蔵野ビール工場
中河原駅
是政駅
西武多摩川線
鎌倉街道
郷土の森公園
多摩川
JR南武線
南多摩駅
凡例
湧水地
武蔵国府大型井戸跡
標高（m）
120
100
90
80
70
60
50
40
0 100 200 500m
N

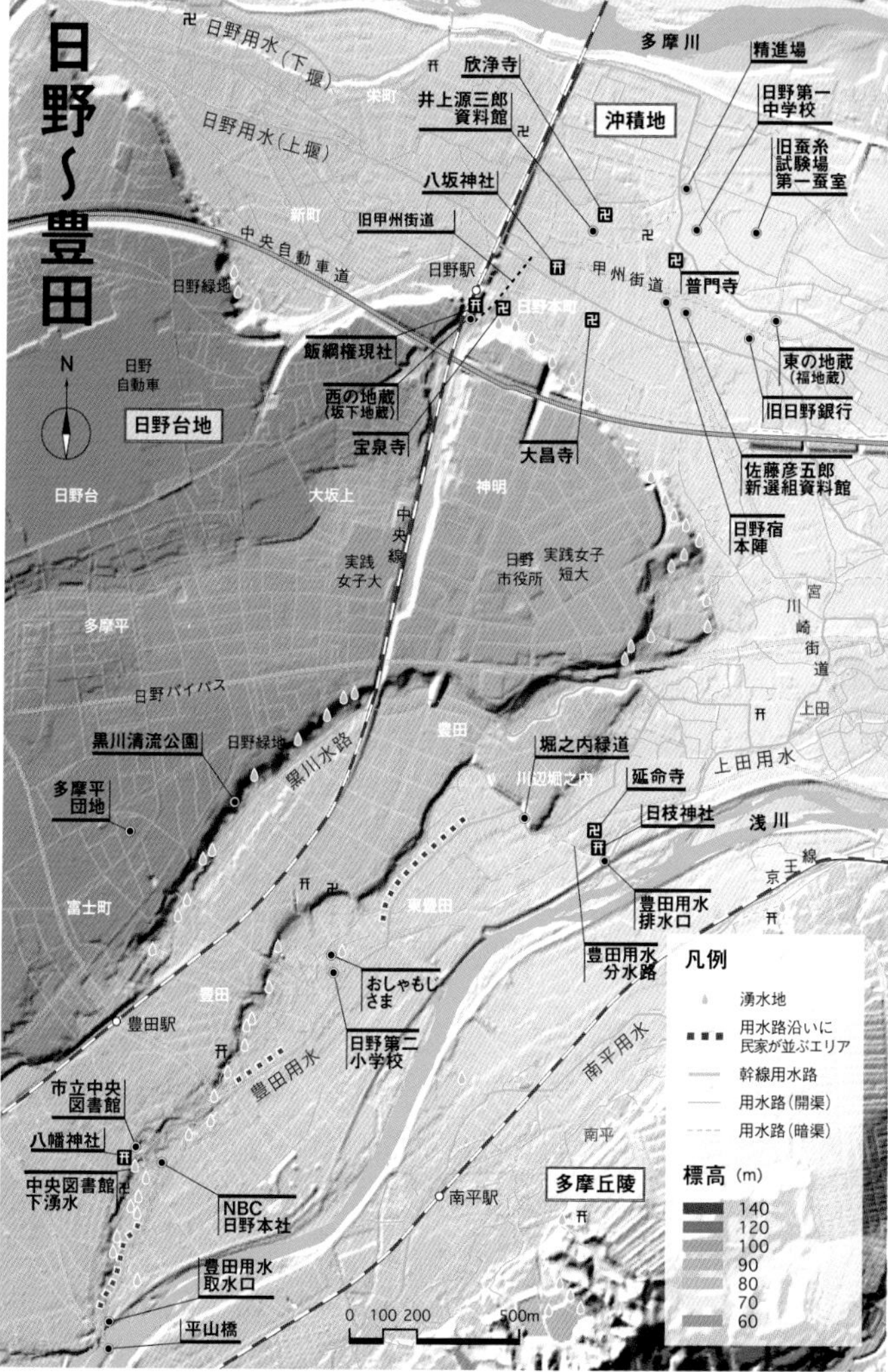
日野〜豊田
多摩川
精進場
日野第一中学校
旧蚕糸試験場第一蚕室
沖積地
欣浄寺
井上源三郎資料館
八坂神社
旧甲州街道
日野用水（下堰）
日野用水（上堰）
栄町
新町
中央自動車道
日野駅
日野本町
甲州街道
普門寺
日野緑地
飯綱権現社
西の地蔵（坂下地蔵）
宝泉寺
大昌寺
東の地蔵（福地蔵）
旧日野銀行
佐藤彦五郎新選組資料館
日野宿本陣
N
日野自動車
日野台地
日野台
大坂上
神明
中央線
実践女子大
日野市役所
実践女子短大
宮川崎街道
多摩平
日野バイパス
上田
黒川清流公園
日野緑地
黒川水路
豊田
堀之内緑道
川辺堀之内
延命寺
上田用水
日枝神社
浅川
多摩平団地
京王線
富士町
東豊田
豊田用水排水口
豊田用水分水路
おしゃもじさま
日野第二小学校
豊田
豊田駅
豊田用水
南平用水
市立中央図書館
八幡神社
中央図書館下湧水
NBC日野本社
南平
多摩丘陵
南平駅
豊田用水取水口
平山橋
0 100 200 500m
凡例
湧水地
用水路沿いに民家が並ぶエリア
幹線用水路
用水路（開渠）
用水路（暗渠）
標高（m）
140
120
100
90
80
70
60

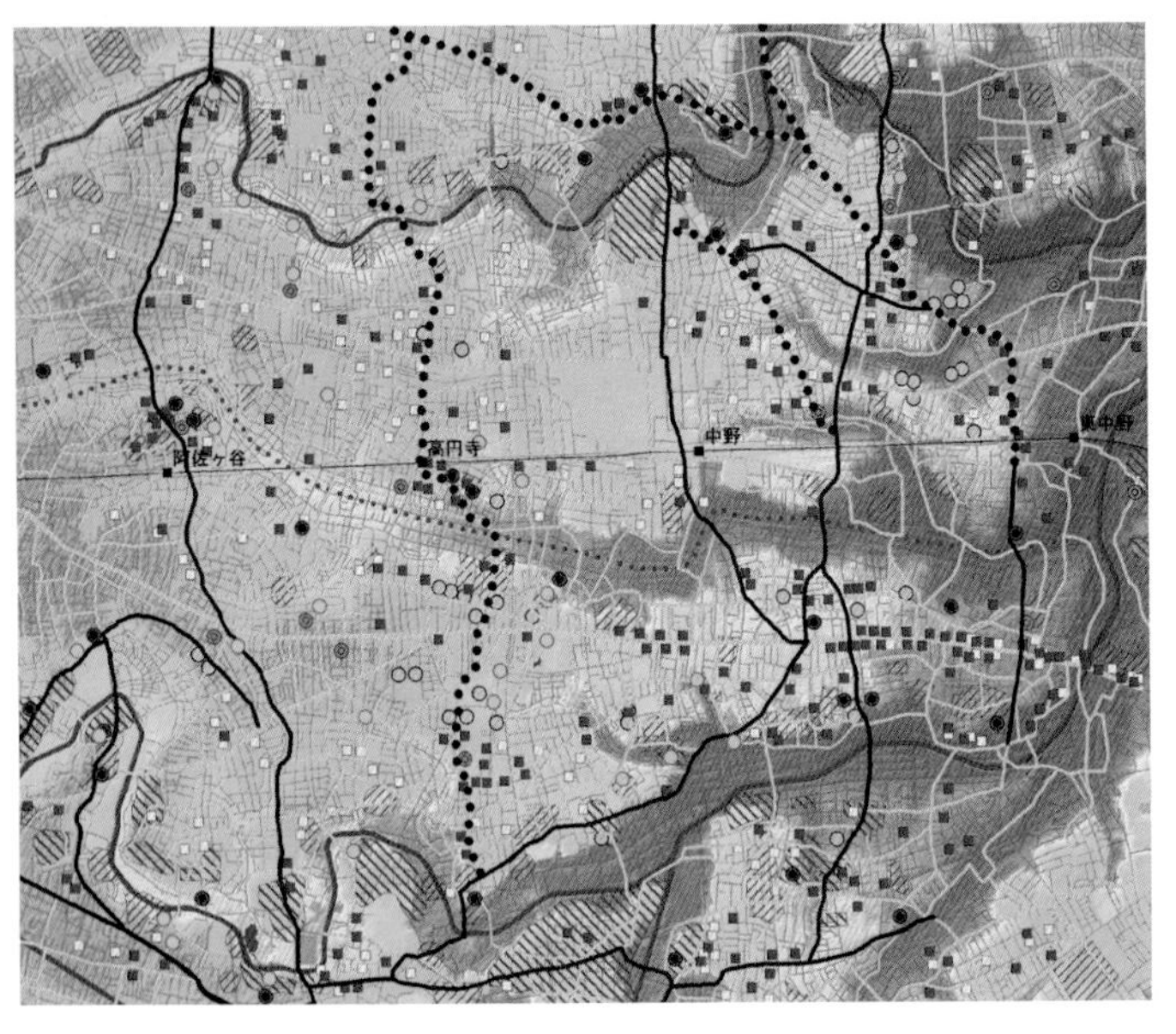

川、湧水、古道、集落遺跡、中世創建の社寺などの歴史を重ねた地図(巻頭対談)　資料提供:法政大学陣内研究室

古い地名（●印）が確認できる善福寺川流域（第二章）（『杉並の通称地名』杉並区教育委員会）

神田川と華洲園の間の高低差は大きく、急な階段をのぼる（東中野／第一章）

地元の人に大切にされている庚申塚（東高円寺／第二章）

古道を引き継ぐ商店街「パールセンター」(阿佐ヶ谷／第三章)

大國魂神社の「くらやみ祭」(府中／第四章)　撮影：鈴木知之

日野用水の用水路沿いの住宅と農地（日野／第五章）　撮影：鈴木知之

ちくま文庫

中央線がなかったら 見えてくる東京の古層

陣内秀信
三浦展 編著

筑摩書房

目次

二つの崖線に湧水と三つの河川
大國魂神社の起源とその立地を探る
道が集まり、繋がる府中の古道
伝統を守りながらも常に進化し続ける祭
西へ向かえば、そこにはさらなる古墳の世界
空白を埋めていく近代の思想
国分寺崖線を下り、武蔵国分寺に
古代からの記憶が重なり合い、つくられる地域の姿

第五章

日野

用水路を軸とした農村、宿場から鉄道中心のベッドタウンへ

石渡雄士

多摩川と浅川
「水の郷日野」
駅名と同名の用水路——日野用水と豊田用水
宿場を守る地蔵と日野煉瓦

・巻頭のカラーマップは、国土地理院、国土交通省　水管理・国土保全局作成の「基盤地図情報（5ｍメッシュ標高）」を、「カシミール3D」により加工し作成しました。

・本文の記述は基本的に単行本刊行時点（二〇一二年）にもとづきます。ただし、現存しないことや変化したことがわかっているものについては注記を付すか、文章を変更しました。

中央線がなかったら　見えてくる東京の古層

近代以前の東京の原形を探る

対談　陣内秀信×三浦展

中央線は、東日本旅客鉄道（ＪＲ東日本）管内の中央本線のうち、東京駅から八王子市の高尾駅までの快速電車の運転系統の通称である。ＪＲの路線図や駅ホームなどでは「中央線（快速）」、「中央線快速電車」といった表現も案内されているほか、単に「中央線」と案内することも多い。

——フリー百科事典「ウィキペディア」などより

中央線をはずして考える

陣内　「中央線がなかったら」という刺激的な視点は、三浦さんと私の二人の共通の関心から生まれました。

三浦　阿佐ヶ谷在住の陣内先生は、長年イタリアの都市の調査・研究をされ、最近では大学で日野の調査もされていますが、今、原風景のある阿佐ヶ谷を研究したいとおっしゃる。僕は吉祥寺在住で、これまで吉祥寺、高円寺、阿佐ヶ谷住宅の本を出してきました。その過程で気がついたことは、中央線という鉄道が中央線沿線の地域、ひいては東京全体の基本構造を見えなくしているということです。

中央線は、東京都を東西にどーんと、しかもまっすぐに横断していて、それがあまりにも印象的なので、東京を考えるときに、どうしても中央線を大前提にしてしまう。沿線に、書店、飲食店、サブカルチャー、ファッションなどの魅力的な集積があることも、鉄道中心に考えることを当然だと思わせてしまう。

しかし、高円寺を広く歩き回ったり、中野坂上や阿佐ヶ谷住宅（現存せず）のあたりまで見たりすると、中央線から離れたところに意外にたくさん重要なポイントがあることに気がつくんですね。だから、中央線がなかったらこの地域がどう見えるか、という視点で考えてみたいと思った。

陣内　逆転の発想でしたね。

山手線の外側の、西に広がる中野区、杉並区、武蔵野市、多摩地域は、江戸の近郊農村だったところですが、明治中期から昭和初期にかけて鉄道ができ、特に関東大震災後に駅を中心に都市化が進みました。ですから今、生活圏が成り立っているという理由で、鉄道を空間の軸に考えるほうが多いでしょう。でもその世界は、後からつくられたものなんです。三浦さんがおっしゃるように、〝逆転〟させると本来の地域の深層が見えてくる。

三浦　今、われわれが対談をしているところは、堀之内の妙法寺（みょうほうじ）近くの寿司屋の二階ですが、こちらもJR高円寺駅から歩くと、三〇分もかかります。だから高円寺駅周辺が表で、妙法寺のほうが裏と考えられがちだけれど、歴史を辿（たど）れば、実はこちらが表で、あちらが裏。駅ができたところは、当時は何もなくて、土地が安かったから用地買収がしやすかったというだけの話です。妙法寺は青梅街道の鍋屋横丁から入る参詣道を通って、江戸市中から厄除けのための参詣者たちが集（つど）っていた場所で、『江戸名所図会』にも描かれていて、古い歴史がある。網野善彦さんが、日本地図を九〇度ひっくり返すと日本海が地中海のような内海に見えて、日本海文化圏と言うべきものが見えてくることを示したことがありますが、そんなふうに中央線沿線の地域についても、新しい見方が提案できればいいなと思ったんです。

陣内　長年、近世（江戸）と近代（東京）を分断して歴史が捉えられていましたが、一九八〇年以降、社会史、庶民生活史、民俗学、建築、文学、美術などのさまざまな学術分野を横断し重ねて考えることで面白い成果がたくさん出てきました。それが江戸東京学であり、江戸東京博物館（一九九三年創立）の基盤になっています。そして、川や掘割、丘と谷などの地形を生かしてできた江戸の都市構造を認識し、面白がって歩いてくれる人も増えました。

一方、近世の江戸と近代の東京をつなぐことに成功しても、山手線の内側ばかりに歴史を求め、郊外への視点は少なかった。さらに都心には、縄文時代の貝塚や古墳がたくさんあるし、麻布の善福寺（ぜんぷくじ）、浅草の浅草寺など東京の中心部の重要なところに古代・中世のお寺や神社、古道、遺跡の分布が身近にあるのに、江戸の都市空間の中に埋没して、その存在がよく見えていない。それに対し、江戸の近郊農村だった杉並区、武蔵野、多摩を調べると、近世の都市がほとんどなかっただけに、地形などの自然条件と結びついた古代や中世の要素がすぐに浮かび上がるのです。だから、「中央線」を眼中からはずし、新しい視線で舐めるように町を歩くことで、江戸の世界をはるかに超えた、古代・中世の大きな時間と空間のスケールで、東京の隠れた魅力が浮上すると思います。

川、湧水、神社、古道などから、古代・中世の歴史を探る

三浦　実際に、江戸以前の古代・中世の世界を探る手法として、陣内さんが指摘される、川や湧き水（湧水(ゆうすい)）、神社、古道に注目する視点は、面白いと思いました。私も曲がりくねった道が好きですが、それが古代、中世、江戸時代からあるかと思うと、また街歩きの面白さが倍加します。

陣内　中沢新一さんは著書『アースダイバー』で、宗教空間、お墓を縄文地図にマッピングする面白い方法で、東京の古層に光を当てています。われわれもずっと同じ発想で見てきましたが、さらに「古道」が面白いと思っていました。古道は、必ずいい場所に通っているんです。

三浦　実際に調査されたのは、いつごろのことですか。

陣内　一九九七年と九八年にかけて杉並区で調査をしています。実は紀元前一五〇〇年からローマに滅ぼされる紀元前三〇〇年まで続いた地中海のサルデーニャ島の文明の調査をしたことがきっかけです。その地域では、湧き水を大事にしてそこに聖域（後の時代も重要な場所となっていた）をつくり、それら聖域を結んだ古道を今でも辿ることができました。日本に戻ってきて、湧水、聖域、古道に注視して杉並区で応用したら、見

事にあてはまったんです。

三浦　僕は、川の暗渠を辿って歩くことも好きなのですが、「川」も東京の都市の構造を知るうえで、欠かせないものですよね。

陣内　ええ。近代の開発で見えづらくなっていますが、東京にたくさんある川とセットにしながら地形に目を向けると、武蔵野や多摩にかけて本当の都市や地域の骨格、風景が見えてくるんですよ。

　例えば、杉並区でも桃園川は暗渠になっていますが、妙法寺川、善福寺川、神田川の四つの川が流れ、放射状になっている。

三浦　鉄道は近代になってからのインフラですが、それまで地域の構造を決めていた重要なインフラは街道と「川」ですね。しかし昔の地図をよく見ると、街道などの道が川に沿って、山と谷の地形に沿って存在することがわかりますね。

陣内　そうです。人々の生活には水が必要なので、川の周辺の少し小高く安全なところに人間が住みます。しかも、東京には古来から崖線が多く、川沿いに侵食されて崖があり、そこに水が湧く（湧水）。すると、その近くに神社、聖域ができ、周りに人が住み、近世の集落につながっていくのです（口絵十頁地図「川、湧水、古道…（略）」参照）。善福寺川沿いには、縄文、弥生時代の遺跡や古墳も発見されています。

　大宮八幡宮がいい例で、善福寺川沿いのちょっと高いところにありますが、発見してうれしかったのは、境内に水が湧くんですよ。今もペットボトルを持って水を汲みに行く方が多いようです。大宮八幡宮から北に向かって中世の古道が延び、その途中に松ノ木遺跡があり、杉並区のもうひとつの宗教の中心である阿佐ヶ谷神明宮とを結んでいます。さらに北に行くと鷺宮(さぎのみや)八幡神社があります（口絵七頁地図「阿佐ヶ谷」参照）。

三浦　大宮八幡宮は、一〇六三年創建というから、その頃からの古道を今も歩くことができる。浜田山駅前には鎌倉通りという名前も残っていますね。今回僕が担当するフィールドワークでも、東西にまっすぐな中央線に対して、南北に延びる、なるべく古い道を探しながら、新宿・中野・高円寺・方南町(ほうなんちょう)を歩いています。考えてみれば、鎌倉は東京の南にあるから、南北の道が発達するのは当然ですね。

陣内　南北方向の道は、中世、古代にはけっこうあるんです。それに沿った高台のいい場所にお寺や神社があります。

　一方、中央線の駅ができた場所は、それらがないまっ平らなところ。つまり、人が住めないところだったのです。

三浦　そこが、重要ですね。昔の人家は崖の途中につくられていることが多くて、不思議でした。今の感覚では、丘の上のいちばん高いところが眺めもいいし、いい場所だと思いますよね。

陣内　そう。でも古い時代はそうではなかった。玉川上水などが江戸時代にできてから、丘の上がいい場所として転換していくのであって、もともと斜面がいちばんよいところだったのです。そういう意味で、中央線がなぜここを通ったか理由はあるでしょうが、障害物や密度が低いところをうまく通している感じはあります。

三浦　昔の列車は、蒸気で走っていましたから、うるさいだけでなく、煙たいし、火の粉は散るし、公害をまき散らすものだと思われていた。だから、地主さんの家のあるあたりには通さなかった。

陣内　だから、中央線ができたことによってけちらかされたところって、あまりないでしょう。きれいに古代、中世からあった神社や寺を避けてつくられているのには、感心します。

三浦　環八（かんぱち）沿いにある光明院（こうみょういん）というお寺だけくらいでしょうかね。墓地が南北に分断されている。

陣内　駅ができた場所に注目して面白いのは、国立（くにたち）です。谷保天満宮（やぼてんまんぐう）は武蔵野台地の際にあり、その崖線に水が湧くんです。そこに十世紀初めに神社ができ、周りに農村集落が形成され、近世には下に広がる低地に川から水を引いた用水路がネットワーク化された水の里をつくりました。少し高いところに甲州街道が通っていますが、そこに中世と近世からできた居住地があるのです。その北に、大正十五年（一九二六）、中央線（甲武鉄道）に国立駅が開設され、その南側に理想的な学園都市ができ、モダンな都市計画がなされる。

三浦　国立は、もともと駅をつくる前提でつくられた町ですからね。駅から放射状に街路がある。それに比べると、吉祥寺は、駅を中心に眺めると変な町です。きれいな街路があるのに、中央線に対して斜めになっている。おかしいなと思うんですが、考えてみれば、中央線のほうが後からできたんですね。本来の街路は井の頭通りと五日市街道に対して直角だから、中央線から見ると斜めになっているだけ。

それと、武蔵野市役所は、なぜ吉祥寺駅から遠いところにあるのかも疑問だったんですが、吉祥寺村が開けたのは、今の武蔵境（むさしさかい）の北のほうだったから当然なんですね。駅は後からできたんです。これは三鷹市にもあてはまりますね。

陣内　三鷹は、玉川上水と駅が交差していますが、北と南で建物が並んでいる方向が違うんです。つまり北が玉川上水に対して直角で、南は中央線に対して直角に建つ。北側には江戸時代のシステムが受け継がれ、玉川上水に直角に敷地が割られている。つまり、南側のほうが、近代に整備された新参者の町なんですね。

かつての地域が残しているアイコン

陣内　駅前商店街ができるメカニズムに注目すると、だいたい古い道の上にできています。やっぱり人が踏み潰してきた往来がある道に、商店街のポテンシャルは高い。
　特に阿佐ヶ谷駅南口にあるパールセンターはクネクネ曲がっていますが、ここは実は歴史があって、阿佐ヶ谷神明宮と南の大宮八幡宮を結ぶ古い道筋（口絵十四頁写真参照）。大宮八幡宮大鳥居前で府中に向かう鎌倉街道に接続する重要な古道で、やはり鎌倉古道であるとも言われているんですよ。戦時中に建物疎開で取り壊された空間を基礎に戦後つくられたケヤキ並木のまっすぐな中杉通りが対になってありますが、古道のほうは裏に隠れているように見えるでしょう？　でも、そちらは個性ある店が建ち並び、ひじょうに濃密です。やっと今は中杉通り沿いにもバランスよく店ができてきましたが。

三浦　細い裏道に活気がある例は、裏原宿の隠田商店街などにもあてはまりますね。しかし実はそれが昔のメインストリートだった。

陣内　ええ。そしてこのパールセンターの中ほどには、地蔵と庚申塚が祀られていて、建物が建て替えられても、その一階にきれいに納まり、みんなが花を供えています。ここは古道同士が交差するところなんです。だから神社や寺など宗教的な施設はもちろん、庚申塚や道しるべなどを丁寧に見ていっても、都市の基層が探れます。

三浦　あと、僕が町を歩くときに注目するアイコンは、古い米屋、酒屋、タバコ屋、郵便局、クリーニング屋。だいたいそれらが地主の家の近くの辻にそろっている。炭屋、氷屋も昔はあったはずだが、今はあまりなくて、しばしば燃料店やガソリンスタンドや東京ガスの店に変わっています。地主にとっては、食料と燃料を支配することが重要だった。あとは消防団。防災ですね。こういう重要な店や施設は、地主さんが、ここだけはいじりたくない、という意思があるのか、建物も看板も古いままだったりします。また、歩くとき家の表札にも注意していると、その土地の地主さんが誰なのかも想像がつきますよ。

陣内　地図はどんなものを使っていますか。

三浦　これまでいろいろな年代の地図を見てきましたが、ちょうどいいのは、明治四十二年頃の地図ですね。まだ近代化が及んでいないので、江戸はもちろん、中世、古代的な要素と、現在のものがちょうどつながるくらいの境目の時代のものです。しかし明治では、細かい店などはわからないので、昭和十六年の地図を使うと、現代とのつながりがよくわかる。先日は、杉並区の商店街の方から昭和六年の青梅街道周辺の商店街の地図をいただきました（六十七頁参照）。

陣内　へえ、青梅街道沿いにびっしりと商店街が並んでいる。やっぱり商店街ができているのは古い街道沿いですね。「街道沿いに町家が並ぶ」のは、江戸時代のどの城下町にも見られた仕組みなんです。ヨーロッパは十九世紀以後、近代がつくり出す市街地の中には歴史的な構造はなくなりますが、東京は、郊外の近代の町にもまだその遺伝子が受け継がれていることが、よくわかります。

山手線内の市中（元の江戸の市域）とその外側（郊外）を研究することの大きな違いは、もともと農村で、大正から昭和初めに市街地化していった外側のほうが、近代の正確な地図を豊富に使ってその形成過程が詳細にわかること。道、土地利用、建物から克明にディテールが探れるので、いろいろなパートを比較すれば農村が町になっていく癖がわかります。もちろん、ディベロッパーが介入した開発もありますが、全体がどう市街地化していくか地図から読み取ることができます。神社、寺が立地する場所と、その周りの農村コミュニティのでき方は、江戸の中心部にもあてはめて比較もできる。

中野新橋を流れる神田川

陣内　また中野新橋は、昔、花柳界（かりゅうかい）があった町ですが、特に印象に残っています。かつて東京の都心近くに花柳界（花街）はたくさんあって、今も西側では八王子が独立した文化圏ですが、その途中にはあまりなく、西の端は中野新橋だと思っていました。実際に歩いてみると、中野新橋駅の北には神田川が東西に流れ、その北側に南下りのいい斜面が広がっていました。斜面を上ったところには、川が流れる南にのぞんで、中世の創建と思われる福寿院（寺）と氷川神社がある。この川と聖域の間に、花街が形成され、昭和三十年代には、川沿いに八軒ほどの料亭ができていたことが地図で確かめられます。

昔、初代若乃花が阿佐ヶ谷の我が家の近くに二子山（ふたごやま）部屋をつくったんだけれど、弟の初代貴ノ花は分家独立して藤島部屋（のちの二子山部屋）を開いて、中野新橋に引っ越していったんです。なぜだろうと思っていたけれど、花柳界の中だからですよね。やっぱり、嗅覚があって、場所が呼んだのでしょうか（笑）。

三浦　今は料亭もなくなりましたが、美容室などにかすかに名残りがある。

陣内　敷地割りや並び方はひじょうにわかりやすく継承しています。古代・中世に遡（さかのぼ）り、江戸時代から培ってきたトポスの感覚があり、感動しました。

三浦　中央線は鉄道の中で圧倒的な存在感がありますが、丸ノ内線沿線も面白いですよ。地下鉄東高円寺駅は戦前の路面電車時代は妙法寺前駅でしたし、方南町のほうも古くて面白い。「同潤会（どうじゅんかい）」が関東大震災後に最初につくった仮設住宅の場所のひとつが、方南町なんですよ。この前行ってみたら、環七のすぐ東側ですが、なんとなく同潤会があった頃の名残りがありました。

　確かに、高円寺や阿佐ヶ谷に駅ができるのは大正十一年ですから、大正十二年の震災直後に都心から見ると、高円寺や阿佐ヶ谷より、新宿のすぐ向こうの方南町のほうが、親しみがあったのかもしれません。大宮八幡も近いですし。

陣内　そうでしょう。重要なスポットは、実は中央線のずっと北や南のほうにある。

三浦　中央線ができてから、それまでは裏だった地域が発展したわけですが、かつて表だった地域は、少しさびれつつも、構造はあまり昔と変わらずに残っていますね。

地域の歴史を掘りおこす

三浦　私は三〇年前にパルコに入社して、最初の仕事が新所沢駅前にパルコを出店するためのマーケティングでした。それ以来、郊外研究をしてきて、ニュータウンとしての郊外を私はこれまでは批判してきたんですが、いまや郊外はオールドタウンになっている。だからむしろ今は、「郊外がこれからは意外と面白い」と言うことにしているんです。これまでは住宅地としての歴史が浅いという理由で批判してきたんですが、でもよく考えると、古道とか鎌倉街道とか、近世以前の観点から見ると、意外に長い歴史があるわけです。実際に所沢の椿峰（つばきみね）ニュータウンは、トトロの森のある場所で、かつて山口氏が城を構えた土地です。遡ると平安末期にもつながっていた。それが北条氏に政権を取られ、また北条氏が豊臣秀吉に敗れて山口城の歴史が消えてしまいましたが。

陣内　同じように、多摩ニュータウンは、過疎化などで話題になるけれど、開発事業者によると高度成長期の延長上での近代的な開発だったので、歴史や地形はあまり考慮に入れていないというのです。だから西側の丘の上に通っていた古道は、地元の人たちには当然知られていたものですが、無視されていました。

でも、風景の価値や、土地の個性を求めて、今はお金をかけてその古道が整備され、周遊できるようになっています。この地域にも神社があり、お祭りも行われ、古墳も発見されて。多摩ニュータウンは、何もないところにゼロからつくったと思われがちですが、そうではない。むしろ西のほうに、人が早く住んでいたんですから。

三浦　これからの時代、人々は自分の住む地域に誇りを持ちたいという気持ちが強まっていくと、私は思うんです。歴史に残る一族が住んでいたとか、由緒ある神社があるということを知りたくなる。

陣内　ヨーロッパでは、古い町の保存再生に成功した後、一九八〇年代から郊外、田園に関心を向け始めています。でも、日本には古い町並みへの関心は生まれてはいますが、田園の風景を見るような視線がこれまでなかったんですよね。ローマ大学のファリーニ先生は、トスカーナのオルチャ渓谷を評価して、世界遺産にした私の友人ですが、そういう感覚で見ると、本書の第五章でいちばん西側にあたる日野もいいですよ。ファリーニ先生も日野を「あれこそが、ガーデンシティではないか」と言ってくれました。

少し前まで、麻布、三田、麹町（こうじまち）、本郷などに比べ、自分が住む杉並区やその近辺は、歴史を調べてもアピールできる研究結果は得られないと思っていました。けれど、杉並、国立、日野などが面白いという時代がくると思いますね。

三浦　そうです。だから、やっぱり自分の町を歩いてよく知ることが大事だと言いたいですね。そうすれば、見えない歴史にも目が向くようになる。

僕はよく地方に呼ばれて、ファスト風土化やシャッター通り問題をテーマに講演するのですが、主催者たちは日頃から車で動いているので、街の中の小さな変化に気がつかないんですよ。シャッター通りの脇で若い人たちがカフェを始めたり、面白いことをやっている。それを私が見つけると「あ、こんなものができているんだ」と地元の人が言う。歩かないと、微妙な変化に気がつかないんです。まして昔からあるものは、もう知っている気がして素通りしてしまう。

古道だって、歩くと新しい表通りよりもずっと楽しい。自然の地形を生かしているから身体感覚に合っていて、微妙に曲がったり下ったり起伏もあるから、歩いていて飽きない。この本を読んだ方が、それぞれのお住まいの地域などで、町を歩くこと、調べることで、地域への理解と愛着を深めるようになってくれるとうれしいですね。

陣内　ほかの地域にも、中央線の昔と似たような構造があるわけですから、これまで挙げてきた視点を雛形として持てば、自分で地域を発見して歩けるようになりますよね。

そしていずれは、この視点を活用して、建築や都市計画を大きく超えて、生態学、地理学、人類学、民俗学、宗教学、社会学など、単独の分野でおさまって研究されてきたものを、全部結んでいきたいと思います。新鮮な視点で東京の深層に眠っていた意外性のある都市像が見えてくるはずです。

第一部　中野・杉並編

第一章　新宿〜中野

青梅街道から中央線へ移動した軸

文・写真＝三浦展・五木田勉

東西に一直線に走る中央線。それは、街道と参道、そして神田川、善福寺川、桃園川に沿って栄えていた、近代以前の東京にとって歴史的な大転換をもたらした。だからこそ、中央線をいったん視界から取り払うと、〝本当の〟東京の地形と歴史が見えてくる。まずは、新宿から中野方面にかけて、神田川沿いに発達した地域を訪ねる。

中央線は嫌われ者だった

中央線は新宿を出るとカーブし、東中野あたりからまっすぐになって、立川まで一直線に進む。だが一体どうしてこんなにまっすぐになったのか。誰でも不思議に思う。中央線の前身は甲武鉄道。明治二十二年（一八八九）に新宿－立川間に開業した。確かな資料はないようだが、甲武鉄道の立ち上げに参画していた鉄道官僚の仙石貢（せんごくみつぐ）（後に鉄道大臣）が、地図を睨んで、えいやっと線を引いたらしい。

仙石がえいやっと線を引いたのには理由がある。何も最初からまっすぐな鉄道にするつもりはなかったのだ。甲武鉄道は、多摩や山梨などから丸太や石灰石などを運ぶ貨物輸送を目的として開業した。同時に、経営のためにも少しでも多くの乗客を運びたい。そのため、最初は甲州街道沿いに鉄道を敷設したいと考えた。ところが地元の大反対にあった。そこで、やむを得ず現在の場所に敷設することになったのだ。

なぜ反対されたのか。調布や府中を通り甲州までつなぐつもりだったのだ。甲州街道は江戸時代以来の大動脈。八王子の織物、甲州方面の木材、木炭などを運ぶ業者や、行商人、そして旅人などで賑わっていた。そこに鉄道を敷こうと考えるのは当然だった。

しかし府中や調布の宿場など、沿道の商人、また農民もこぞって鉄道を敷くなんて

最初の中央線は雑木林を走った（新宿区立歴史博物館『ステイション新宿』より）

「トンデモネエコッタ」と反対したのである。商人は、旅人や荷物が鉄道に乗って街を素通りしては商売上がったりだからである。これは近年、自動車が普及し、道路網が発達すると、ロードサイドに大型商業施設ができるため、昔からの中心市街地がさびれることを商店主が恐れるという構図と似ている。かつての鉄道は、それまでの街道沿いの商店をおびやかすよそ者だったのである。

農民は環境の悪化を恐れた。同じ鉄道でも今と昔は違う。甲武鉄道敷設当初の車両はもちろん蒸気機関車である。煙がもくもく出て、煤（すす）をあたりにまき散らす。それによって作物の成長に悪影響が懸念された。すでに開業していた路線で、煙と一緒に吐き出された火の粉が原因で火災が起きていたことも住民を不安にした。当時は茅葺（かやぶ）き屋根の家がほとんどで、火に弱かったのだ。そんな怪物が街道沿いを走ってもらっては困る、と住人たちが考えたのも無理がない。蒸気機関車も、なくなってみるとノスタルジーの対象だが、登場した頃は、近代工業社会の生み出した怪物のように思われたはずである。言わば「走る公害」だったのである。

こうした反対にあったために、早期開業を目指す甲武鉄道としては、街道沿いの集落から離れた地域に一直線で線路を敷くことを決めた。コース上には集落も少なく、原野と桑畑が広がっていて、山や川などの障害物が少なかった。

開業当初の中央線の蒸気機関車（『ステイション新宿』より）

明治二十二年の開業時の停車場は、新宿、中野、境（現・武蔵境）、国分寺、立川の五駅だった。それ以降、都心に向かう路線が少しずつ延長され、明治三十七年（一九〇四）に新宿－御茶ノ水駅間が開通した。

開業当時、運転本数は一日たったの四往復。料金（下等）は新宿－中野間が三銭、新宿－立川が二二銭だった。当時、かけそばが一銭程度だったというから、現在の価格を三〇〇円として計算すると、新宿－中野が九〇〇円（現在は一五〇円）、新宿－立川が六六〇〇円（現在は四五〇円）と、かなり高価だったことがわかる。

何もなかった頃

その後、明治二十四年（一八九一）に荻窪駅が開業。明治三十二年（一八九九）に吉祥寺、大正十一年（一九二二）に高円寺、阿佐ヶ谷、西荻窪駅ができる。直後に関東大震災が起こり、東京市の旧市街地で被災した人々が新開地であった中野から三鷹あたりまでの西郊に移り住む。杉並村の人口は大正九年（一九二〇）から昭和五年（一九三〇）の一〇年間で七倍以上に増えた。戦後も人口増加は続き、いわゆる「中央線文化」が形成されていった。

	中野区	杉並区
大正９年（1920）	29,198	18,099
大正14年（1925）	85,294	65,981
昭和５年（1930）	134,098	134,529
昭和10年（1935）	178,383	190,217
昭和15年（1940）	214,117	245,435
昭和20年（1945）	124,011	211,229

中野区、杉並区の人口推移　資料：東京都

だがそれ以前、大正時代前半までは、中央線沿線にはほとんど何もなかったのである。武蔵野の雑木林、田んぼや畑などが広がるだけだったのだ。実際、中野駅の乗降客数は、開業当時は一日三〇人程度だった。当時、中野村の人口は四〇〇〇人程度。そのうえ、農業を営む人がほとんどで生活圏が狭かったから、汽車を利用する人は限られていた。

そんななか、乗客を少しでも増やすために取られた作戦が、観光客を呼びこむことだった。当初明治二十二年四月二十一日だった開業予定日は一〇日間前倒しされ、十一日に開業。目的は境駅の近くにある、玉川上水の「小金井桜」の花見客に乗車してもらうことだった。狙いは的中して、開業直後から臨時列車が運行されたほどだった。また、開業当時の中野駅のポスターには、「日蓮宗の古刹、堀ノ内妙法寺、新井薬師梅照院に、東京中央居住の人にて参詣するものは、当駅にて下れば最も便なるべし」と書かれたという。

このように開業当時の中央線は、日常的に利用される乗り物ではなかったのだ。

賑やかだった青梅街道

一方、江戸時代から多摩の村々と江戸を結ぶ重要な役割を果たしてきた青梅街道は、近郊の村の人々が雑穀や農産物を運搬するために利用され、人馬の往来で賑やかだった。甲武鉄道開業の二〇年前（明治二年）には、新宿－田無間で一頭立て一〇人乗りの乗合馬車の営業が始まっている。明治十五年には、郵務局の命令で郵便物郵送も行うようになった。同じように、江戸幕府によって整備された五街道のひとつである甲州街道でも、明治十三年に四ツ谷－府中間の甲州街道に乗合馬車が開通している。

　このようにこの地域の中心は、江戸時代以来の街道沿いだったのである。考えてみれば当然のことである。しかし現在の中央線があまりにも堂々と東京都を横断しているので、そのことに私たちは気づけなくなっているのである。

　昔の人々は、新宿追分を発つと、青梅街道を歩いて淀橋を渡った（淀橋の地名の由来は後述）。江戸時代の神田川は広かった。淀橋あたりでも、細かく蛇行しており、河原には葦が茂り、流域面積はかなり大きかったのだ。

　新宿追分から淀橋までは、神田川に向かっているので当然ながら道は坂を下がっていく。そして神田川を渡ると、けっこう急な坂をのぼる。中野坂上という丸ノ内線の駅名は嘘ではない。坂をのぼった先には鍋屋横丁。堀之内の妙法寺に参詣する道であり、往時は茶屋、料亭などが建ち並び、たいへんに栄えた。鍋屋の名は、参拝道の入り口にあり、草もちを売っていた休み茶屋の名前から取られている。江戸時代、妙法寺の参詣者の休憩場所として繁盛した鍋屋には二〇〇本あまりの梅林が

神田川に架かる淀橋から西新宿方面を眺める

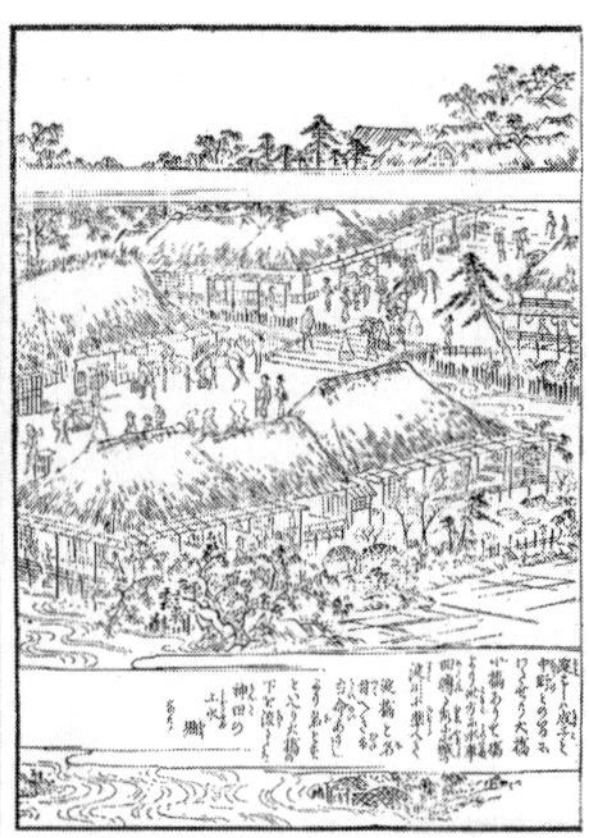

『江戸名所図会』淀橋水車

あったので、梅屋敷とも呼ばれていたという。

　鍋屋横丁を西南に進んでいくと妙法寺の南の参道に至る（妙法寺については、次章で詳しく紹介）が、さらに行くと杉並区堀之内の熊野神社、またさらにその先に大宮八幡がある。堀之内の熊野神社は善福寺川の北側の崖線の上にあり、近くには向山遺跡がある。善福寺川沿いには方南峰遺跡、済美台遺跡、松ノ木遺跡などもあり、川に沿った崖線の上が縄文人、弥生人にとっての良好な「住まい」であったことがわかる。

　妙法寺は江戸時代から厄除けで有名で、多くの人々が「祖師参り」と称して参拝に訪れた。このように中野から杉並にかけては、かつては青梅街道が軸であり、そこから枝分かれした参道沿いに街が栄えていた

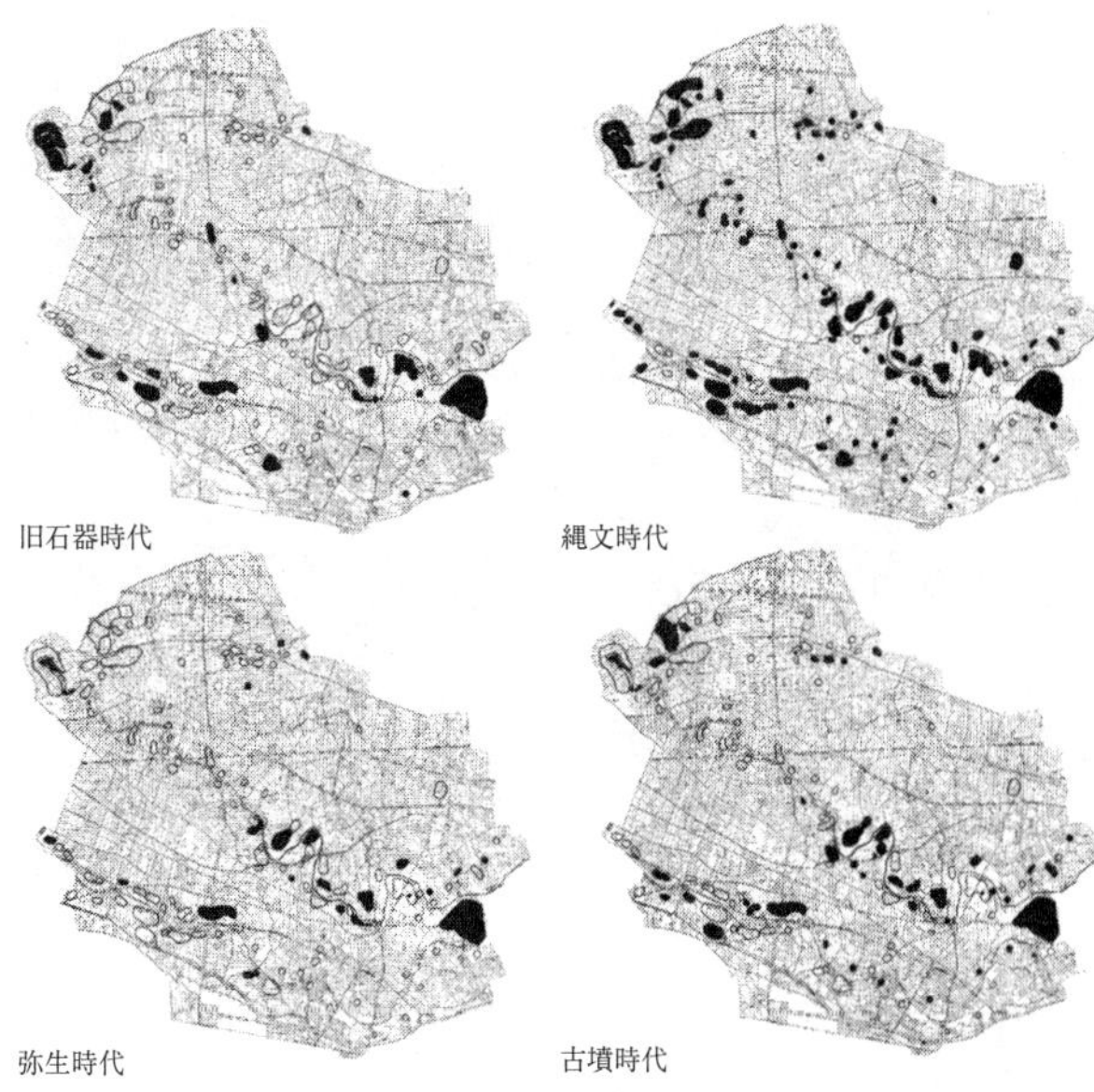

善福寺川や神田川に沿って遺跡がある（杉並区立郷土博物館常設展示図録より）

のである。

中央線はなぜ曲がっている？

これらの地域について詳述する前に、中央線のもうひとつの謎（と私が勝手に思っていること）について書いておく。中央線はなぜ新宿から東中野までは弧を描いているのか、という謎である。

この謎は、実際に現地を歩いてみると氷解する。新宿駅西口は一見すると平べったい地形だが、先述した

蜀江坂。西新宿にこんな坂があるとは思わなかった

鎧神社付近から中央線に向かっては坂になっているため、階段がある

旧・柏木地区には古い住宅も残っていた

ように神田川に向かっては坂をくだる。だが、新宿駅から西北に向かっては、かつては柏木という地名であり、わずかながら坂をのぼるのである。蜀江坂という立派な坂があるくらいで、坂の上には昔の山の手風の住宅地が広がっている。昭和十六年の地図を見ると塩原邸、菅原邸といった大邸宅も散見される。

私が歩いたルートは、小滝橋通りの西新宿保健センター前の交差点から西北に分岐する道である。この道を進んでいくと、次第に台地をのぼり、神田川に至るのだが、この道がまさに中央線と並行しているのである。いや、中央線がこの道、つまりこの大地の北側の崖に並行してつくられたのだ。崖に沿うように中央線がカーブしているのである。そのことは特に現・北新宿三丁目にある鎧神社の北側を歩くとよく実感できる。

考えてみれば、御茶ノ水駅から四ツ谷駅にかけても、中央線は崖の下に沿って走っている。窓からは神田川を見下ろすから、私たちはそのことを実感できる。しかし新宿駅から東中野駅までは高架であり、電車から見ると柏木の台地も平べったくしか見えないために、私たちは中央線がやはりここでも崖の下に沿って走っていることに気づかないのである。

神田川の丘の上に高級住宅地「華洲園」

坂を下ったら、東中野駅方面に向かい、ここから今度は神田川沿いに北上してみよう。道の西側は相当な断崖になっている。言い換えれば、歩いているのは神田川の河原である。しばらく歩いてから断崖の上にのぼる。のぼるには階段を使うしかない。それほど急なのである（口絵十二頁および左頁写真）。階段をのぼると、かつて華洲園（かしゅうえん）と呼ばれた高級住宅地がある。ここは江戸時代には将軍が鷹狩りに来て休憩した御立場（おたちば）があった場所である。確かに崖の上から見下ろすと、今はマンションがたくさん建っているので見晴らしが悪いが、かつては眼下に神田川とその周辺の水田、遠くにはおそらく江戸城を一望できたに違いないと思わせる。逆に言えば江戸城からこの御立場あたりも見えたはずで、将軍様は、朝起きると、今日はあそこまで行くかと、お城から眺めたことであろう。

御立場には中野区教育委員会による解説看板が立っており、それによるとこの御立場は「中山御立場」と言われた。旗本の中山主馬（しゅめ）の屋敷があったので、そう呼ばれたのである。中野の堀江家文書によると、十代将軍家治は、早朝半蔵門を出発し、四谷、淀橋を渡り、青梅街道から御囲跡（おかこいあと）御立場に着き、雉（きじ）狩りをした後、また青梅街道に戻り、雑（ぞう）

神田川沿いから華洲園方面に上がる急な階段

華洲園は高級住宅地で、飯田深雪スタジオもある

華洲園側から神田川方面を見る

司ヶ谷道を通り、上落合の寺で食事を済ませ、中山御立場で再び雉狩りをして、小滝橋を渡り、高田馬場、神楽坂から田安門へ帰城したという。御囲跡御立場とは、後述する中野桃園町の御立場である。また、中野への鷹狩りは、家光、吉宗、家斉らも来たという。

その後、中山御立場周辺の丘は、明治の終わり頃に四季折々の草花を栽培する花園があったことから、華洲園と呼ばれるようになったのである。明治四十四年（一九一一）に発行された『東京近郊名所図会』には「華洲園・御成山」という項目があった。およそ一万五〇〇〇坪で、あちこちに花壇があり、中央には温室があって、いつも花の香りで満ちていたらしい。それが大正時代に入ると花の栽培は中止され、一区画六〇〇－二六〇〇坪という邸宅のための住宅地となった。三越社長であった中村利器太郎や、伯爵、陸軍大将らが住んだ。そういえば今、華洲園下の道路沿いには三越不動産のマンションがあるが、もしかするとこのあたりだろうか。周恩来も日本留学の際に華洲園に住んでいたという。

しかし第二次世界大戦で華洲園も空襲にあい、邸宅は焼失した。今は、飯田深雪のフラワーコーディネートの学校がある。庭に花が咲き誇っており、かつて花園だった時代を偲ばせる。現在、東中野駅というと、中野駅に比べるとマイナーな印象である。最近は大江戸線が開通し、駅ビルもできて、少し様子が変わってきたが、それでも中野駅周辺の発展ぶりとは比較にならない。

しかし、昔の東中野駅はそれほど中野駅と差があるわけではなかったようだ。後述するように、大正五年の乗降客数は中野駅一四八万人、東中野駅（柏木駅）九八万人で、約三対二の比率である。現在は、一日の乗降客数の比較ではあるが、中野駅が二九万人、東中野駅が七・六万人と、約四倍も違う。戦前は東中野も相当栄えていたのだ。

考えてみれば、中野駅は軍隊の街として栄えたのだから、住宅地としては適さない面もある。それに比べて、東中野は静かであり、中野村の本郷にも近い。神田川を見下ろす景勝の地でもあったのだから、住宅地としては東中野方面のほうがよかったのかもしれない。

東中野にフランク・ロイド・ライトの弟子が設計したレストラン

そのことを傍証するような事実もある。のらくろで有名な田河水泡（たがわすいほう）の妻は、批評の神様・小林秀雄の妹だが、結婚した頃、昭和初期に小林兄妹が住んでいたのは、東中野と中野の間の桃園川沿いの谷戸（やと）地区だという。現在も谷戸小学校があるが、そのあたりであろうか（ちなみに、小林秀雄と親交の深かった詩人・中原中也が住んだのは、中野駅北東の打越町、その後引っ越したのが後述する桃園町である）。昭和十六年（一九四

モナミ外観（世田谷美術館「世田谷時代1946-1954の岡本太郎」展図録第二巻より）

一）の地図を見ると、谷戸地区と東中野駅の間の高根町、上ノ原町には、森邸、藤村邸という邸宅があった。神田川と桃園川に囲まれた高台の邸宅だったと思われる。

　また、今の東中野駅のすぐ北の住吉町には、モナミという結婚式場があり、喫茶店も併設されていたという（今は一階がパチンコ屋のマンション・東中野アパートメンツがある）。富豪の屋敷をレストランに改装したもので、設計はフランク・ロイド・ライトの弟子・遠藤新と言われる。戦後、そこでは丹羽文雄が主宰する『文學者』の合評会である十五日会が開催されていたらしく、火野葦平、石川達三、井上友一郎、寺崎浩、八木義徳らも参加したという。

　このモナミ、芝の洋菓子店である白十字堂として開店したが、昭和四年（一九二九）に銀座にモナミとして開店。以後、新宿と東中野に支店を出したらしい。モナミという店名の名づけ親は岡本太郎の母、岡本かの子である。モナミの店主・幸田文輔の夫人が岡本家に同居する恒松安夫と親戚だったことから、岡本家との親交を深めたのが縁だという。モナミのパンフレットには岡本太郎の写真もよく使われたという。そのため東中野のモナミは、美術関係者、文学者の会合によく使われるようになった（世田谷美術館「世田谷時代１９４６－１９５４の岡本太郎」展図録第二巻）。岡本太郎と花田清輝が昭和二十二年（一九四七）に結成した総合芸術運動体「夜の会」の研究会もモナミで開催され、埴谷（はにや）雄高（ゆたか）、佐々木基一、椎名麟三、野間宏、安部公房、関根弘らが集まったという。吉行淳之介の芥川賞祝賀会もモナミで催されている（モナミについては林哲夫『喫茶店の時代』、中野区立中央図書館「幻のモナミ」参照）。

なお東中野駅は、明治三十九年（一九〇六）六月に甲武鉄道の「柏木駅」として開業。四カ月後の十月に甲武鉄道は国有化されたものだ。私鉄として最後の年に開業したのが柏木駅だったのだ。

駅は神田川の西側の中野町にあったにもかかわらず、川の東側（現・新宿区北新宿）の柏木という地名が駅名に採用された。理由のひとつが、もともとは川の東側にあった柏木信号所が中野町に移設されると同時に新駅が建設されたからだ。さらに、柏木には甲武鉄道の火力発電所があったことも大きいのではないか。甲武鉄道は、明治三十七年（一九〇四）に飯田町－中野間が電化された。そのために建設されたのが柏木の発電所である。時代の最先端の工場がある地名は、新駅の名前にふさわしいと考えられたのだ

	中野駅	柏木駅（東中野駅）
明治39年	483	62
明治40年	895	176
明治41年	1,039	284
明治42年	1,086	352
明治43年	1,312	435
明治44年	1,530	550
大正元年	1,752	678
大正２年	1,794	828
大正３年	1,722	873
大正４年	1,381	843
大正５年	1,476	979
大正６年	1,757	1,184
大正７年	2,135	1,429
大正８年	2,657	1,997
大正９年	3,341	2,488
大正10年	4,877	3,444
大正11年	6,434	4,599

中野・柏木（東中野）駅の旅客輸送量（単位：千人） 資料：『鉄道局年報』『鉄道院統計図表』『鉄道員（省）鉄道統計資料』各年版より作成　注：柏木駅は大正６年１月に東中野駅と改称

ろう。ちなみに発電所は国有化の後も使用されたが大正七年に廃止。今度は変電所として使われるようになった。その一部が、現在でもＪＲの東中野変電所（北新宿三－四〇）として残っている。

ちなみに、山手線が電化されたのは明治四十二年だから、甲武鉄道の電化がいかに早かったかがわかる。背景には、乗客を増やすために運転回数を増やして利便性をアップしたいという会社の狙いがあったのだ。

明治二十二年（一八八九）、新宿－立川間で開業した甲武鉄道は、同年に立川－八王子間を開業。明治二十七年（一八九四）には市街線部分として新宿－牛込間を、翌年に牛込－飯田町間を開業させた（昭和三年〔一九二八〕、牛込駅と飯田町駅が統合して飯田橋駅となる）。その結果、明治二十七年には約八五万人だった利用者数が、翌年には約二四二万人と、三倍近くに増えている。経営陣は、このタイミングで運行本数を増やすことで、さらに乗客を増やせると考えたのだ。

すでに近隣の住民から蒸気機関車の騒音や煙害に対する苦情が出ていた。本数を増やすには電化が必要だった。苦労の末、三十七年に電化が完了。

この影響は柏木駅にも波及した。柏木駅が開業した明治三十九年（一九〇六）には、年間の利用者数は約六万人。一〇年後の大正五年（一九一六）には約九八万人と、一六倍にも増えている。同様に中野駅の利用者数も約四八万人から一四八万人と、三倍に増えている。しかし、大正六年（一九一七）に柏木駅は「東中野駅」に改称される。まさに、現在に続く中央線中心の価値観が根づき始めたとは言えまいか。

牧場もあった

さて、現在の東中野駅の南側を南下してみよう。そのあたりは旧町名を川添（かわぞえ）といい、さらに大久保通りを越えると旧町名・小淀（こよど）である。神田川に沿って元本郷通りという細い道がある。

このあたりは現町名が中野区中央一丁目だが、こここそが中野村の中心、本郷なのである。元本郷通りから崖の上にのぼる斜面には幕末の剣豪、北辰一刀流の山岡鉄舟邸跡地がある。また台地の上には、三井信託が戦前に開発分譲した小淀住宅地もあるなど、良好な住宅地が広がっている（ちなみに三井信託による分譲住宅地は、華洲園の西側、東中野四丁目にもあり、当時は桜山町と言われた）。

そこからさらに南下して、青梅街道を渡ると、明治四十二年（一九〇九）の地図によれば鈴木牧場という牧場があった場所がある。鈴木は後述するこの土地の地主の名であろう。今は牧場を偲ばせるものは何もないが、拙著『スカイツリー東京下町散歩』にも書いたように、戦前の東京には乳牛の牧場が多くあった。生活の洋風化に併せて牛乳を飲む習慣が広がっていたためだが、特に豊島区には牧場が多く、明治中期から太平洋戦争後まもなくの時期、のべ六〇カ所もあった。また足立区にも牧場が多く、三〇の牧場があり九五〇頭の乳牛が飼われていたという。そのひとつ和田牧場は、御徒町方面から、より広い土地を求めて移転したものだが、和田家の娘のひとりが女優の木暮実千代なのだそうだ。かつ、木暮実千代が妹と神楽坂に開いた旅館「和可菜」（二〇二一年十月現在、隈研吾事務所により改修中）が、小説家が缶詰になることで有名な旅館だというから面白い。

山岡鉄舟邸

三井信託小淀住宅地

かつてあった小島屋乳業製菓のモダンな本社ビル

話がそれたが、明治の初めに産声を上げた東京の牧場の数がピークになったのが大正八年である。当時、中野や杉並にも多くの牧場があった。それと関係があるのか、中野区本町四丁目には社団法人日本ホルスタイン登録協会の「ホルスタイン会館」がある。それまで市ヶ谷にあった自社ビルが手狭になったため、昭和三十九年（一九六四）に、旧農林省などがある霞ヶ関へのアクセスがよく、広い土地が入手しやすかったこの地に移転したそうだ。

また、先述した西新宿から柏木へ至る道にも、小島屋乳業製菓という会社の本社ビルが建っていた。スクラッチタイルの外壁のモダンなビルである。しかし、残念なことに平成二十四年（二〇一二）に取り壊された。

中野長者

元本郷通りを南下すると山手通りが神田川を渡る橋が見つかるが、これが長者橋。長者とは鈴木九郎のこと。鈴木九郎は応永年間（一三九四－一四二八）に紀州から淀橋方面に移り住んだ。鈴木家は代々紀州の熊野神社の祭祀（さいし）の仕事をしていたが、九郎は馬を飼ってなりわいとしていた。

あるとき、下総葛西（しもうさかさい）の馬市で馬を売って得た金を浅草観音に奉納した。それから運が

成願寺

中野町役場跡

鈴木長者の絵

上向き、九郎は先祖の郷里の熊野神社のおかげだと信じて、角筈（つのはず）に十二社熊野神社を建立した。以後数年で九郎は大金持ちになり「中野長者」と呼ばれるほどになったのである。

その長者が、財産の隠し場所として思いついたのが武蔵野の中。金銀を下男に背負わせていって地中に埋めることにした。だが下男が秘密を漏らしてはいけないと考えた九郎は、金銀を運ばせるたびに下男を殺した。こうして殺された下男は一〇人に及んだと言われる。

しかし、そのたたりか、長者の一人娘小笹が婚礼の式を挙げる夜のこと、怪しい犬の遠吠えがすると同時に、熊野神社方面の森の上から黒雲がわき出し、激しい雷雨。すると小笹は蛇に化身して十二社に向かい、池の中に飛び込んでしまった。こうした逸話・伝説は成願寺の境内の看板に書かれている。

時は下り、江戸時代、三代将軍家光が、中野への鷹狩りの帰途、この話を聞いて、「不吉な話だから、地名をかえよ。この川の水車は、山城（京都）の淀川にかかる水車に似ている。これからは『淀橋』と呼ぶように」と命じたのが名前の由来であるという。

しかし、その後も、淀橋は長者の下男が斬り殺された縁起の悪い場所として、「花嫁が渡ると不幸になる」という言い伝えが残り、土地の人たちは婚礼の際には淀橋を渡らないようにしていた。大正二年（一九一三）十一月、三代目・浅田政吉が、本家の婚礼の際に、川岸に祭壇を設けて盛大に「おはらい」の儀式を行い、自ら渡り初めをした。それ以後、花嫁の一行もこの橋を渡るようになったという。

ちなみに、三代目・浅田政吉の父である二代目・浅田政吉氏は、後で説明するヤママサ醤油醸造所を開業した。三代目は、事業を引き継ぎ発展させるだけでなく、中野に本店を置く「浅田銀行」の設立にも尽力した。

長者橋の少し北側には相生(あいおい)通りという道がある。これは新宿の十二社通りから来ているもので、神田川を越えて西進している。元本郷通りと同様、神田川に沿う形で続くが、しばらくすると北上して青梅街道に至る。青梅街道の北は宝仙寺である。宝仙寺は中野町成立時に町役場が置かれた場所である。

中野は江戸でいちばんのそばの産地、そばつゆも独占

また、境内には臼を供養した臼塚がつくられている。江戸時代には中野はそばの生産で有名であり、江戸町内で消費されるそばのほとんどは「中野そば」と呼ばれて名産だったという。神田川の水車の力で石臼を回してそば粉を挽いた。特に「ぬき屋」というそば製粉業者は江戸のそば店のそば粉の大半を生産していたという。しかし近代以降は機械化が進んで臼を使わなくなり、たくさんの臼が放置されていた。その臼を供養する

べきだということで、臼塚をつくったのである。

その一方で、青梅街道沿いに今でも残っている石森製粉株式会社の前には、巨大な石臼が飾られている。同社は明治五年に創業。平成二年に新木場に工場を移転する前は、この場所でそば粉の製造を行っていた。当時、実際に使われていた巨大な石臼が現在でも大切にされている姿を見ると、ほっとする。

石森製粉の前に置かれた石臼

青梅街道では、そのほかにも味噌や醤油醸造が盛んだった。石森製粉とともに、現在でものれんを守っているのが、あぶまた味噌だ。ここでも、石森製粉同様、店の入り口に味噌工場で使われていた釜が飾ってある。

創業は明治十八年（一八八五）、江戸味噌の伝統を受け継ぎ、味噌づくりを続けてきた。第二次大戦で工場は焼けたが、建て直した工場で平成二年（一九九〇）まで製造を続けてきた。その後横浜に工場を移転して、現在の場所では、味噌のブレンドと袋詰め作業だけを行っている。

あぶまた味噌には、興味深いエピソードがある。大正十二年（一九二三）の震災の際、玄米を使って被災者に炊き出しをした。さらに第二次大戦の空襲で周辺が焼けたときには、玄米約三〇〇俵を町会に寄付した。このとき「都民に味噌ぐらい食べさせてやらなきゃいけない。そのためにも、工場を再開するのを手伝ってほしい」という社長の言葉に、住民が動き、瓦礫の撤去などを手伝ったという。創業から一二五年、現在でも店が残っている理由がわかるエピソードである。

ヤママサ醤油醸造所の煉瓦塀

青梅街道沿いには醤油醸造所も多かった。江戸末期創業の石森、明治五年（一八七二）創業のヤママサ醤油醸造所が有名で、特に東京のそばつゆはヤママサが独占していたという。

当時のヤママサの醸造所の煉瓦塀の一部が、青梅街道沿いの国家公務員宿舎「中野住宅」の内に移設され、保存されている。現地に設置されている解説によると、建造は推定明治三十二年（一八九九）。中野での初期洋風煉瓦建造物と言われている、先述の浅田銀行本店の建築を手がけた、中野在住の棟梁と弟子たちによって、醸造所の蔵とともに築かれたという。みかけは洋風だが、石灰、海草の「つのまた」、砂などを使って固めるしっくい壁といった日本の伝統的な技術によってつくられている。

ちなみに、浅田銀行があったのは中野坂上の交差点の南東角で、再開発後にハーモニースクエアが建築された。

この場所には、地場産業から近代産業への移り変わりを象徴する浅田ビールもあった。明治十七年（一八八四）、製粉業をしていた浅田甚右衛門がビールの製造を開始。明治二十三年（一八九〇）の第三回内国博覧会で一等賞を受賞して、全国にその名を知られるようになった。しかし、その後大資本がビール醸造に進出したため、明治四十五年頃には製造をやめた。

花街もあった

長者橋から神田川を遡っていくと、中野新橋に至る。中野新橋は、東京二三区内で花柳街のあった町としては最西端である。この土地は、昭和の初めまで、田んぼや畑が広がり、神田川のせせらぎが聞こえ、蛍が飛びかい、蛙の声が溢れる農村だった。一方新宿の町は、たいへんな賑わいを見せていた。この状況に、地主たちは、世に遅れず発展させるための方策として花柳街設立を計画した。言わば「地域活性化」の方策だったのだ。

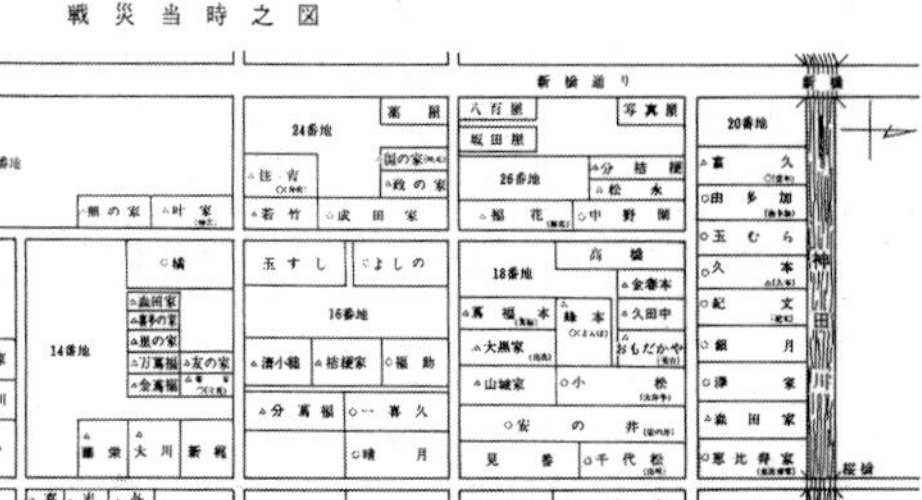

戦災当時の中野新橋の地図（『はなひらくなかのしんばし五〇年のあゆみ』より）

昭和四年（一九二九）、料理屋が四軒、芸妓（げいぎ）置屋が三軒、芸妓一〇名ほどで営業開始。昭和三十年（一九五五）、料亭が四〇軒、芸妓置屋が三一軒、芸妓が九三名に増えた。昭和三十二年には、芸妓の芸能と教養等の資質向上を目的に、中野新橋芸能学校が設立され、繁栄の頂点を極めた。

しかし現在では料亭はなく、ジャズ喫茶に業態転換をした店もある。藤島部屋も中野新橋。昭和五十七年（一九八二）、藤島親方（初代貴ノ花）は二子山部屋から独立して、中野新橋に藤島部屋を創設した。その後また二子山部屋となり、貴乃花部屋となった（現存せず）。旧料亭街の北には氷川神社があり、神社の南側の道は十貫坂で鍋屋横丁と交わり、西に進むと堀之内の熊野神社に通じる。

鍋屋横丁から北上する道も二つある。ひとつは真北に坂を上がっていく道で、現在はもみじ山通りと言われる。大久保通りを渡り、中野駅の東側に至る。もうひとつは北北西に坂を上がり、中野五叉路に至る。今は中野通りという広い道が中野駅まで通じているが、この道は新しい。本当は中野通りの西側、マルイの裏道である桃園通りが中野駅に至る古い道だ。中野駅も昭和四年までは、今より一〇〇メートルほど西に位置しており出口は南口だけ。この桃園通りこそが駅前通りであったのだ。

当時の中野駅の北西側は、すべて軍用施設だった。また、桃園通りの周辺は商店街になっていて、駅の利用者の激増に対応しきれなくなっていた。そのため、昭和四年に、敷地が広くとれる東側に駅を移すことになったのだ。計画は、南北に駅前広場をつくり、当時は線路の北側のみを走っていた中野通りを、線路の下を通し南側に延長するというもの。この際、南北の駅前広場は掘り下げられている。例えば、南口広場は東西に約一三〇メートル、南北に約一五〇メートル、深さ約四メートルも掘り下げられたのだ。

現在の中野駅のホームに立つと、駅前広場や道路が眼下に広がる。これは、高架工事によるものではなく、南北の広場を掘り下げるという昭和初頭の大工事の結果なのだ。

中野駅周辺は、今は再開発が盛んに行われているが、江戸時代は囲町（かこいちょう）と言われた。何を囲っていたかというとお犬様である。

五代将軍綱吉の「生類憐れみの令（しょうるいあわれみのれい）」によって、犬を打ったり、邪険に扱ったりした者は厳罰に処せられるようになった。飼い主のいない犬に食事を与えるとその家を離れなくなるため、食事を与える者がいなくなる。そのため野犬が増え、飢えた犬が人にかみつくようになった。困った幕府は、元禄八年（一六九五）、四谷に野犬を収容する小屋を建設。しかしすぐに満杯になったため、中野村に新たに建設することになった。それがお囲いなのだ。

最初は、現在の中野駅付近に「一の囲」がつくられた。その後、犬が増えるたびに増築され、最終的には「五の囲」までつくられた。広さは約三〇万坪。最盛期には一〇万から三〇万頭ほどの犬がいたと言われている。お囲いには、犬小屋、餌場、日除け場、子犬養育場などが完備され、専門の医者や役人なども配備されていたが、綱吉の死後、宝永六年（一七〇九）に廃止された。その後、収容されていた犬たちは、近くの農民にあずけられたらしい。

現在では、中野区役所前にお囲い跡を伝える犬像が置かれている。また当時の地割りが、現在でも一部残っている。「二の囲」から「四の囲」の北側が早稲田通りになっているのだ。五の囲は中野区立囲桃園（かこいももぞの）公園になっている。しかし、私が訪れたとき、「犬の散歩禁止」の看板があったのが笑えた。

さて、桃園通りに話を戻そう。この道の西側には高級な住宅地がある。これが先述した小淀と同様、戦前三井信託が開発分譲した中野桃園町の住宅地である（現在は中野三丁目という味気ない地名)。南斜面の良好な地形の上に、今もまだ戦前らしい古い家を見つけることができる。しかもここは華洲園と同様、将軍の御立場があった場所である。そしてこの場所こそ、綱吉がつくらせた五つのお囲いのうち「五の囲」があった場所である。

桃園の名も言うまでもなく徳川吉宗に由来する。綱吉の死後、お囲いが廃止されたこの地に、鷹狩りに訪れた吉宗が、桃の花が咲くのをきれいに思い、あたり一帯にもっと桃の木を植えて桃園にせよと命じたのが始まりである。その後、吉宗はしばしばこの地を訪れ、桃園は有名になった。やがて江戸時代後期になると、一般庶民も花見をするようになり、隅田川や飛鳥山の桜とも合わせ現代の花見のルーツであると言われている。

江戸時代の鷹場は将軍家だけでなく御三家などが鷹狩りをする場所だった。鷹場に指定された村々は、領主の支配と同時に鷹場役人の支配を受け、道路や橋の整備、人足の差し出し、鷹の餌の上納などの負担を課された。さらに、狩猟場として環境を維持するため、厳しい制約があった。具体的には、「雀をはじめ野鳥を追い捕ってはいけない」「許可なく大木を伐ったり、畠に苗木を植えてはいけない」「家の新築、新規に商売はしてはいけない」といった制約である。このように中野駅周辺は、お囲い、そして鷹場として利用されてきた徳川幕府と縁が深い土地なのだ。同時に、この場所が人里離れた場所だったことの証拠でもある。

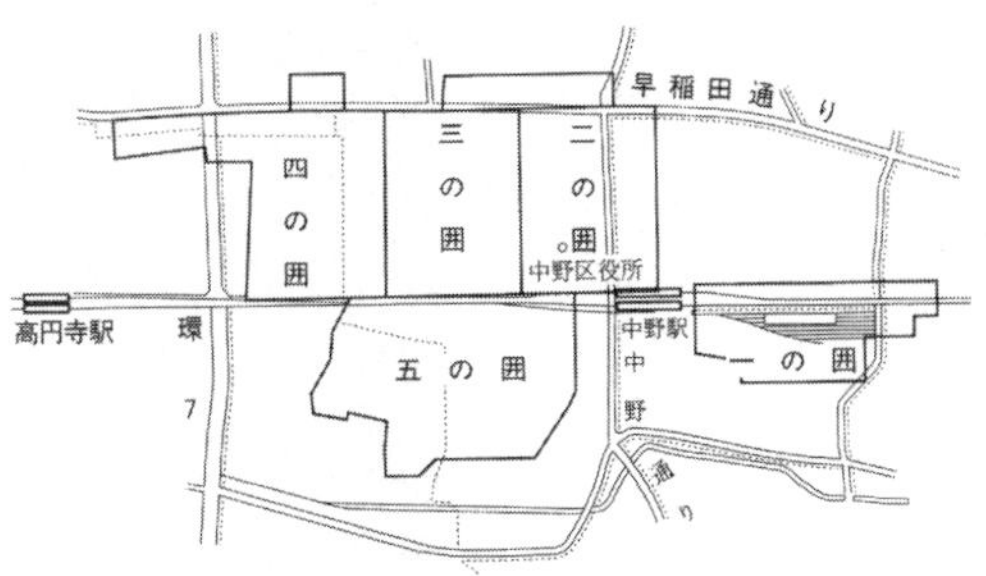

お囲いの場所

中野区役所前の犬像

囲桃園公園

三井信託中野桃園町住宅地

桃園町のほりのうち道の道標

桃園町のせんべい屋

旧桃園町の北側の細い道も妙法寺道。古そうな骨董品屋やせんべい屋がある。しばらく歩くと坂であり、曲がった道を下っていき、桃園川暗渠を渡ってさらに進むと、現在の東高円寺駅に至る。東高円寺駅のあった場所は、戦前には路面電車の駅があって、駅名は、妙法寺口だったのである。

以上、簡単だが新宿から中野方面にかけての地理と歴史を概観してきた。現在われわれはどうしても中央線を軸にしてこの地域を見てしまうが、それ以前には青梅街道を軸として、妙法寺、熊野神社、大宮八幡などの宗教施設に至るさまざまな道が地域の動線になっていて、その動線となる道がそれぞれに栄えていたということがわかってきたと思う。中央線の各駅から直線距離で二、三キロメートルは離れているこれらの地域を歩いてみると、むしろ江戸から大正にかけての古い東京の郊外の姿があぶり出されてくるのである。

〔追記〕東中野駅の東側に「日本閣」という結婚式場があったが、二〇二一年十一月二日から十二月十八日にかけて、中野区立歴史民俗資料館にて、日本閣に関する詳細な資料展示（「東中野の日本閣――婚礼場の１００年」）が行われた。

第二章　高円寺

前近代の宗教地域から近代軍事都市へ

文・写真＝三浦展・五木田勉

昔の高円寺の中心はＪＲ高円寺駅ではなく、今の地下鉄・東高円寺駅のあたりだった。そこから道が、妙法寺方面、阿佐ヶ谷方面、中野方面に分岐する、そういう交通の要所だった。鷹狩りに訪れた将軍様も、おそらくここを通ったに違いない。お寺の高円寺には葵の御紋が光る。鷹狩りにまつわる地名も多い。

一見平坦に見える地形も、歩いてみると非常に起伏に富んでおり、かつての川や沼を思い描くことができる。

高円寺の入り口は東高円寺

前章では、西新宿から神田川沿いに中野方面を歩き、中央線ができる前の、青梅街道を軸とした地域の構造を明らかにした。本章ではさらに西に進み、高円寺方面を歩いてみる。

高円寺は、私も『高円寺　東京新女子街』という本を出しているくらいで、若者に人気のある街であるが、高円寺と言えば普通はＪＲ中央線の駅周辺を指す。しかし、駅南口のパル商店街を抜けて、桃園川暗渠を越え、ルック商店街に入ると、その通りは青梅街道までずっと続いており、高円寺の街区は駅の北側も含めてけっこう広い。商店街自体は大正十一年（一九二二）の高円寺駅開設以来発展してきたものであり、とはいえ、わざわざ青梅街道まで商店街は延びているのが不思議と言えば不思議だ。それほど大正十二年（一九二三）の関東大震災後の人口増加が急激であったということもあろうが、そもそも青梅街道沿いのほうが高円寺の中心だったからである。

昭和六年（一九三一）に杉並町の商工業者が作成した地図によると、大震災からわずか八年後だというのに、早稲田通りから青梅街道をつなぐ商店街には各種の商店がびっしりと軒を連ねている。と同時に、青梅街道沿いにも、現在の地下鉄丸ノ内線東高円寺

昭和６年の高円寺付近。青梅街道にもびっしり店があった（杉並区立郷土博物館『杉並の地図を読む』より）

明治42年の地図。現在の東高円寺駅あたりが高円寺村の中心だった

駅方面から荻窪に至るまでが商店で埋まっている。現在の青梅街道は、マンション、コンビニ、チェーン店のファミリーレストランなどが並んでおり、昔ながらの雰囲気を感じることは難しいが、昭和初期にはさぞかし繁栄していたのであろう。

　事実、明治四十二年（一九〇九）の地図を見ると、高円寺という地名は青梅街道沿いの、現在の東高円寺駅のあたりに書かれている。明治十七年の地図だとやはり東高円寺駅あたりに高円寺村と書かれているのである。高円寺というお寺自体は、東高円寺駅の北西にあるので、東高円寺のあたりが高円寺というお寺への入り口だったということであろう。だからだろう、昭和二十年（一九四五）の地図を見ると東高円寺のあたりが高円寺一丁目である。今もこのあたりは高円寺南一丁目なのである。高円寺の入り口は東高円寺駅あたりなのである。

実際東高円寺駅あたりを歩いてみると、ここが追分になっており、高円寺というお寺に向かう道、そのやや南に、阿佐ヶ谷方面に向かい、現在の中央線阿佐ヶ谷駅の北側で他の古道と交わる道がある。この道が高円寺村と馬橋（まばし）村の境である。また、南に下りて、妙法寺に至る道もある。その後できた路面電車の駅名も、東高円寺駅あたりは「妙法寺口」駅である（戦後は「蚕糸（さんし）試験場前」に変更）。ちなみにその東は天神前、鍋屋横丁、宝仙寺前、成子坂下であり、前章で回ったスポットである。

青梅街道と寺前通り方面につながる道（右）の分岐点

考えてみれば、この東高円寺だ、高円寺南だ、北だ、東中野だといった地名、駅名自体が中央線中心の価値観でつけられている。高円寺駅の北側だから高円寺北という地名になり、東にある駅は東高円寺駅となる。だから、どうしたってわれわれが地域を見る目も中央線中心になる。いつしか、中野も杉並もずっと昔から中央線沿線を軸として栄えてきたのだろうと思い込んでしまうのである。

高円寺天祖神社

　しかし実際には東高円寺駅付近が重要な場所であったことを教えてくれるのが、青梅街道の南側にある蚕糸試験場の跡地である。試験場は、昭和五十五年（一九八〇）に筑波学園都市に移転。その後、蚕糸の森公園として整備され開園された。現在も煉瓦造り試験場の正門が残されており、当時の名残りをとどめている。

　蚕糸試験場は明治四十四年（一九一一）に創立され、蚕の品種改良、人工ふ化、病原菌の発見と防除法などの研究を続け、日本の蚕糸業の発展に大きく貢献した。生糸、絹織物は幕末から昭和二十一年まで日本の輸出品の王座を占めていた。この輸出代金で日清、日露戦争の戦費をまかない、機械設備を外国から購入することで先進工業国に発展させた。まさに時代の先端産業を支える重要な研究所が、この場所にあったのだ。

　ちなみに研究の内容は、繭（まゆ）、絹、蛹（さなぎ）、桑の高度な利用技術にまで及び、食品、飼料、繊維製品のほかにも、ジュース、ヘアトニック、血圧降下剤などが開発されたという。その成果の一部を利用して昭和十四年に発売されたのが、中山太陽堂の「クラブマルベリーヘヤートニック」だった。中山太陽堂は、昭和四十六年に社名を「クラブコスメチックス」に改称。現在でも化粧品の製造と販売を続けている。

また青梅街道の北側、杉並第三小学校の東隣には、高円寺天祖神社がある。伝承によれば、一〇九〇年頃、高円寺村草創の郷士山下久七が、伊勢神宮に参拝して天照大神の分霊を勧請し、邸内に祀ったのが始まりだという。この一帯は、すでに千年以上の歴史がある場所なのだ。

鷹場だった高円寺

というわけで、現在の東高円寺駅を出発点として歩いてみよう。

高円寺

まずは高円寺村の名前のいわれとなったお寺の高円寺に向かう。すると、すぐに環状七号線に突き当たる。しかし環七（かんなな）の向こうを見ると、明らかに道がつながっている。古道独特の上下左右にうねった道がそこにある。昭和三十九年（一九六四）の東京オリンピックに合わせて整備された環七は新参者に過ぎない。新参者があまりにも大きな顔をして古道を分断したため、もともとあった古道の存在が見えなくなっているだけなのだ。古道に沿って歩くと昭和初期に建てられたとおぼしき家もあり、シュロの木が植わっている。これを過ぎると明治初期にはまだ桃園川の流域だった場所になるため、道のつながりは見えにくいが、桃園川暗渠を越えると高円寺に至る。

高円寺は将軍家光が鷹狩りに訪れた際に、寺の茶屋で休息した場所であり、住職の求めに応じて家光が宇治から茶の木を取り寄せて寄進したという。家光が休息した茶室跡は本堂の裏にあり、「御殿山」という名称が残っている（杉並区立郷土博物館『将軍家の鷹場と杉並』より）。またお寺の屋根瓦には葵（あおい）の紋がつけられている。それまで小沢村という名称だったのを高円寺村に改称させたのも家光と言われる。

高円寺のさらに北西に進むと坂があり、坂の途中に氷川神社がある。桃園川暗渠は、今はかなりまっすぐだが、暗渠になる以前はかなり蛇行して流れており、河原も相当広かったものと思われる。

氷川神社からは桃園川の流れがよく見えたであろう。高円寺の氷川神社は日本唯一の気象神社である。気象神社はもともと馬橋にあった。現在馬橋公園になっているあたりである。今は、気象庁宿舎とＮＴＴがある。ここは戦前、気象情報を探査する陸軍気象部の施設で、同じ場所に気象神社もあったのだ。氷川神社に第三気象聯隊（れんたい）戦友会・気象関係戦友会有志が立てた説明板「気象神社由緒」によると、気象神社は陸軍気象勤務の統括・教育機関として陸軍気象部の構内に昭和十九年（一九四四）に造営された。戦後の神道指令で除去されるはずが、連合軍宗教調査局の調査漏れで残ったため、当局に申請して払い受け、昭和二十三年（一九四八）の氷川神社例大祭の際に遷座祭を行ったのだという。

蛇足だが、氷川神社の坂の下には現在高円寺中央公園があるが、ここここそが村上春樹のベストセラー『1Q84』で青豆が天吾を発見する公園だと言われている（『東京人』二〇一〇年十一月号、中念寺行男「『1Q84』の東京地図」参照）。村上春樹は昔、氷川神社よりさらに高円寺駅に近い場所にあった「as soon as」というジャズ喫茶で働いていて、休憩時間に中央公園によく行っていたという話を高円寺の人に聞いたことがある。

寺の町

さて、東高円寺に戻る。そこから今度は阿佐ヶ谷方面に伸びる道を歩く。すぐにまた環七だが、昭和十六年（一九四一）の地図を見るとこのあたりに庚申塚（こうしんづか）があるはずだ。探してみると、ビルの陰にあった。しかもそのビルの名前が「コーシンコーポ」だ。庚申塚を見てみると、きれいに掃除されていて、花も活けてあり、現在でも地元の人に大

東高円寺付近の庚申塚

庚申塚にちなんだマンション名

切にされていることがわかる。庚申塚は健康を祈願する庚申信仰からつくられたものだが、旅の際の安全を祈願する意味もあるのか、道沿いの、特に追分につくられる。だから、庚申塚のあるところは、遅くとも江戸時代には複数の道があって分岐していた場所だと考えられる。

環七を渡って阿佐ヶ谷方面に歩く。するとすぐにお寺がたくさんある。地元ではこの通りを寺前通りと呼ぶこともあるらしい。お寺は明治四十二年（一九〇九）の都市計画によって、あるいは大震災や戦災などによって江戸から移転してきたものが多い。パンクロック好きや古着好きの若者が多い高円寺の街からは想像もできないような静かな雰囲気が漂う場所である。

この一画でいちばん敷地が広いのが、環七から一番奥まった場所にある西照寺。寺が開かれたのは十六世紀の後半だとされている。明治四十三年（一九一〇）に芝白金から区画整理のために現在の場所に移転した。山門を入って左手にある妙覚殿には道了が祀ってある。右手には鐘楼がある。

この寺前通りを西進すると高円寺駅南通りと交差し、さらにルック商店街に至る。ルック商店街との交差点の角には、高円寺のランドマークとすら言える名物喫茶店七つ森がある。その反対側の角には、フヂヤ薬局がある。前述の昭和六年（一九三一）に杉並町の商工業者が作成した地図には、「川口屋酒店」と記入されているが、その後別の人が同じ建物で昭和八年（一九三三）に薬局を開業し、現在まで商売を続けている。店主の小西さんに話をうかがうと、建物は関東大震災前に建てられたらしい。調剤室には、昭和八年に開店した当時の看板が今も飾られている。

ちなみに、同じ地図を片手に高円寺駅の周辺を歩いてみたところ、現在（二〇一二年）でも残っている店を二店だけ発見することができた。

ひとつ目の店は、高円寺駅の北口から徒歩三分のところにある丸十ベーカリーヒロセ（高円寺北三―二二―一）だ。開業は大正十四年（一九二五）、アンパンや食パン、コッペパンなどを販売していた。客がパンを選ぶ現在のようなコーナーはなく、工場の窓口から直接販売する形態だったという。昭和二十二年（一九四七）からは、杉並の学校に

寺前通りとルック通りの交差点にあるフヂヤ薬局の外観

調剤室に掲げられている昭和初期の看板

丸十ベーカリーヒロセ（現存せず）

パンを納品するようになった。平成二年（一九九〇）には「阿波踊りサブレ」を発売。今では高円寺の名物となっている。まさに地元密着で商売を続けてきた店だ（現存せず）。

二店目は、丸十ベーカリーヒロセの斜向かいにある高田薬局である（現存せず）。二代にわたって守ってきた店は思いのほか新しく、この地図がなければ戦前からここで営業していたとはわからないほどだ。

鶴をつかまえた

さて、ルック商店街を過ぎると坂を下る。下った先は桃園川の支流らしく、かつては新堀（にいぼり）と呼ばれていたが、今は暗渠になっている。川沿いであることを生かして銭湯や熱帯魚屋がある。またこのあたりは江戸時代には「鷹っ鶴」と呼ばれていたらしい（杉並区教育委員会『杉並の通称地名』）。家光が鷹狩りに来て水田にいる鶴をつかまえた場所ということである。家光が鶴をどうしたかは知らないが、鷹狩りでつかまえた鶴は朝廷に献上されるものだったらしい（詳しくは菅豊『鷹将軍と鶴の味噌汁』）。鶴は千年でめでたいからか、美しいからか、最上位の獲物とされ、その年に初めてつかまえた鶴は朝廷に献上する習慣があったのである。また、ごく少数の有力大名に鶴を下賜（かし）することもあったという（杉並区立郷土博物館『将軍家の鷹場と杉並』より）。献上された朝廷は鶴をどうしたかというと、食べてしまったという話もある。あまり美味とは言い難いらしいが。

鷹っ鶴の銭湯の近くに「つるまめ」という和食料理店を発見した。さらに先述の昭和六年の地図を見ると、この場所には「都留屋酒店」があった。もしかすると鷹っ鶴という地名と何か関係があるのだろうか。

「つるまめ」の店主に店名の由来を確認してみると、和食に欠かせない大豆の原種「蔓（つる）豆（まめ）」からつけた名前とのこと。残念ながら鶴とは関係なかった。しかし、都留屋酒店はどうなのか。今はないのでわからない。

鷹っ鶴を過ぎて、現在の阿佐ヶ谷パールセンター商店街に至るまでのこの道は妙法寺

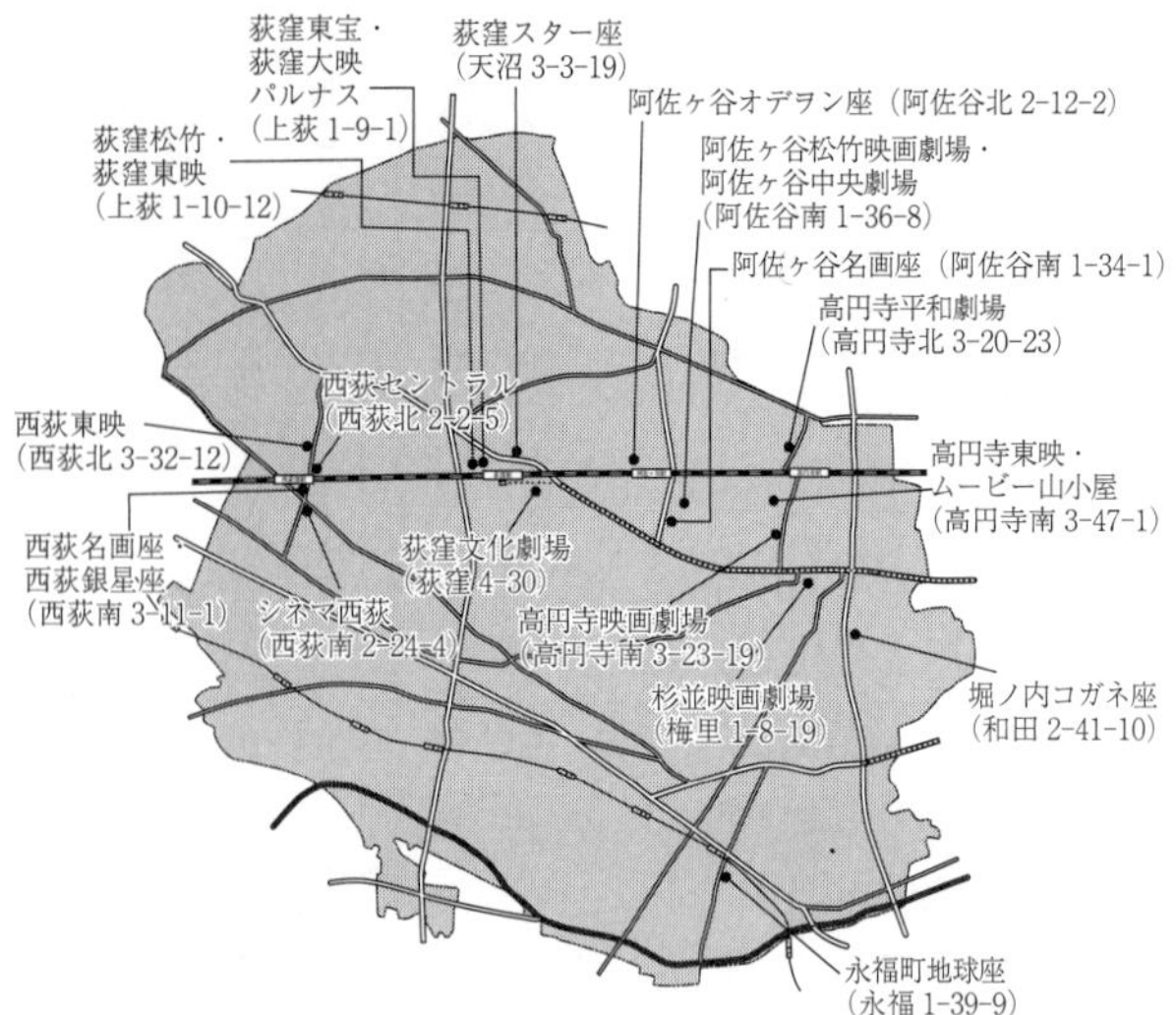

昭和 34 年頃の杉並にあった映画館マップ（杉並区立郷土資料館特別展「Montage Suginami '30〜'60　映画にうつされた郊外」図録をもとに作成）

道と呼ばれていたらしい。また、鷹っ鶴の北側には馬橋稲荷神社があるが、馬橋稲荷神社の前の道も妙法寺道、あるいは堀之内道と呼ばれていた（『杉並の通称地名』）。鷹っ鶴の西側から南下して、猿田彦（さるたひこ）神社を経由し、青梅街道を渡って妙法寺に向かうのが普通だったからであろうと思われる。青梅街道から妙法寺に向かう道をそのまま東に進むと、前章で取り上げた鍋屋横丁からの妙法寺道である。妙法寺には東からも西からも行けるようになっているのである。ただし猿田彦神社の前を南下する道は、明治初期の地図にはない。当時は現パールセンターを経由して青梅街道、そしてその南の妙法寺道に入ったのかもしれない。

また、『杉並の通称地名』を見ていると、古い地名がついている場所は、中央線沿線には少なく、青梅街道から善福寺川流域に多いことがわかる（口絵十一頁地図参照）。中央線沿線で地名があるのは、阿佐谷田圃、馬橋田圃などにすぎず、ほとんど地名がない。言い換えれば、中央線開設以前の杉並は、江戸時代も、それ以前も、縄文時代とあまり変わらぬ善福寺川流域を中心として栄えていたと言えるだろう。

近代以前にはなくても、近代以後にできたもののひとつに映画館がある。この映画館は全盛期には中央線の各駅にいくつもあった。その分布を見ると、近代以前には名前のなかった地域に映画館が立地していることがわかる。

和田の土地二坪は日本橋の一坪

この善福寺川と、やはり江戸時代の交通の要所だった青梅街道の間にあるのが、すでに何度も名前が出ている妙法寺だ。妙法寺は、もともとは真言宗の尼寺だったが、元和年間（一六一五－一六二四）に日蓮宗に改宗。日蓮宗の開祖である日蓮が「お祖師様」と呼ばれることから、妙法寺は江戸庶民から「堀之内のお祖師様」と呼ばれ、厄除けのお寺として全国から大勢の参拝者があった。

江戸時代、江戸の庶民が妙法寺詣りする際の本道は、すでに紹介したように青梅街道で新宿から鍋屋横丁まで来て、左に折れ、和田地域を通る妙法寺道を使うコースだった。本道沿いには、料理屋、せんべい屋、唐辛子屋、くすり屋などが軒を並べ、大黒堂や八面堂などの堂の横には占師や露天商が店を出し、「和田の土地二坪は日本橋の一坪にあたる」と言われるほど繁盛した。

ところが明治三十六年（一九〇三）に、中野駅からの堀之内新道が完成すると状況は一変する。この道は、その後蚕糸試験場が開設された場所で、料理店「関香園」を開いていた関口兵蔵が自費でつくった。中野駅からほぼ一直線で蚕糸試験場の前に通じているため、従来のように本道を利用するよりも妙法寺までの距離が短い。このため、ほとんどの参拝客がこの道を利用するようになり、本道とその道筋の店はさびれていった。

新道ができて多くの参拝客が通るようになった蚕糸試験場の前には、明治四十三年（一九一〇）、高さ七メートルの青銅製の大灯籠が建てられた。大灯籠は今でも残っていて、妙法寺詣りが盛んだったことを現代に伝えている。

妙法寺の境内には、江戸時代後期、将軍が鷹狩りに来た際に休息をとる御膳所として使われた御成の間や、明治十一年（一九二二）にコンドルが設計した和洋折衷様式の鉄門がある。コンドルは、鹿鳴館（ろくめいかん）や上野博物館を設計した人物として有名だ。鐘楼には、

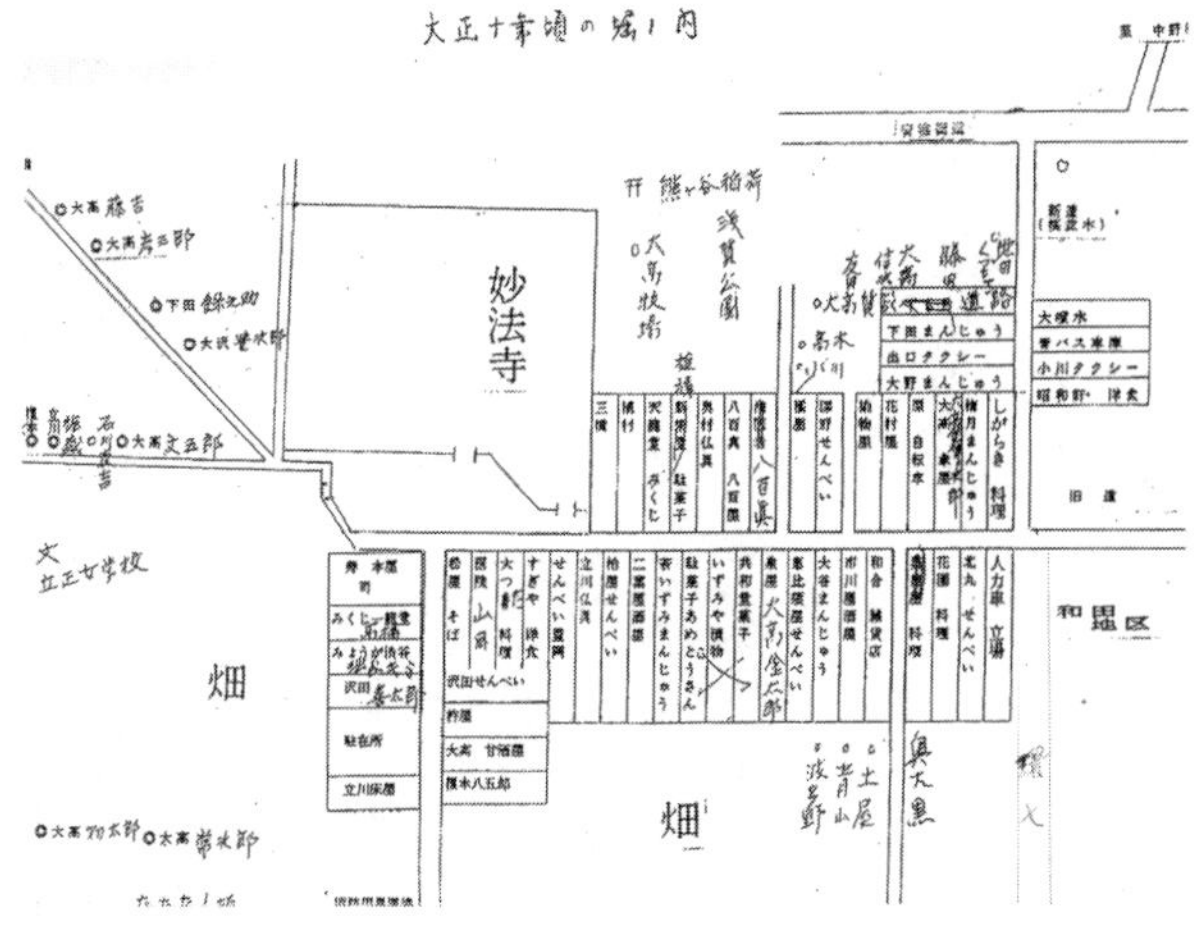

大正10年頃の妙法寺参道地図（大勝軒草村商店より寄贈）

享保十年（一七二五）につくられた鐘がある。それ以降昭和十八年（一九四三）頃まで、二〇〇年以上にわたって近くの農民に時を知らせ「妙法寺の鐘」として親しまれてきた。時計がない時代、生活に根ざした、なくてはならない存在であったに違いない。

　寺の門前を散策している際、たまたま出会った大勝軒草村商店の店主に話をうかがうことができた。なんと、大正十年（一九二一）頃の付近の地図を保管されているとのこと。ちなみに大勝軒草村商店は、中華麺の製造と卸をしていて、永福町の「大勝軒」や大宮八幡の近くにある「草むら」に麺を提供している。

　店主のご好意で手書きの地図を見せ

ていただくと、妙法寺の門前には料理屋、まんじゅう屋、せんべい屋、仏具店などが並んでいて、参拝客相手に賑わっていたことが想像できる。しかし、大正十年頃の地図に載っている店で現在でも営業を続けているのは二店だけ。そのうちの一店である立川仏具は、当時の店舗は取り壊され、マンションの一階に店舗があるため、往時の面影はない。

もう一店の本屋寿司は、すでに寿司屋としての営業は中止していて、タバコの販売だけを続けている。一二代目にあたるという店主に話を聞くと、妙法寺に寄進をした際に寺からもらった曼荼羅(まんだら)が保管されているという。見せていただくと、元文二年（一七三七）十一月十四日の文字が入っていた。この時期は、先述した妙法寺の鐘が鋳造された直後にあたる。当時の記録が残っていないためその頃から商売をしていたかどうかは不明だが、二七〇年以上、この場所で生きてきた歴史の重みを少しだけ感じることができた。

幻の中央線・馬橋駅

話が前後するが、鷹っ鶴や馬橋稲荷神社は、もともと馬橋村にあった。この地域には、「中央線の新駅ができる」という幻の計画に翻弄された苦い歴史がある。

大正八年（一九一九）に吉祥寺駅まで電化された中央線は、周辺の人口の増加もあり運転本数を増やしていった。しかし現在の杉並区にあたる地域には荻窪駅しかなかったため、電車を利用するには、荻窪駅か中野駅まで歩く必要があった。当然のことながら、新しい駅がほしいという要望が高まっていく。

両駅の中間地点には、明治二十二年（一八八九）まで阿佐ヶ谷村と馬橋村があった。この二地域の住民が誘致活動を開始。陳情に訪れた旧馬橋村の住民が、鉄道省の役人から「荻窪駅と中野駅の中間地点に駅を設置する」との極秘の内示を受けた。中間地点は旧馬橋村内にあったため、地域の住民は喜び、密かに新駅開設に向けて準備を始めた。そのときにつくられたのが、鉄道を南北に横断して、早稲田通り、青梅街道、五日市街道を結ぶ道路（現在の馬橋通り）だった。

桃園川にかかっていた馬橋跡

大正九年（一九二〇）、鉄道省は、馬橋通りと鉄道が交差する地点に馬橋駅を新設することを正式に決定した。ところが駅用地の提供を求められた住民が「われわれ貧乏人は電車に乗る用なんかない。駅ができて得をするのはほんの一部の人だけだ」と反対。鉄道省に必要な書類が提出できず、馬橋駅の計画は夢と消えた。その代わりに阿佐ヶ谷駅、高円寺駅が新設されることになったのだ。もしも、このときに馬橋駅が完成していれば、高円寺と阿佐ヶ谷の現在の繁栄はなく、代わりに馬橋付近が栄えていたに違いない。

ちなみに馬橋という地名は、現在の住居表示に残っていない。昭和三十七年（一九六二）に住居表示法が公布された際、馬橋地区の住民から「馬橋の地名は田舎くさいし、知名度が低いから、知名度が高い高円寺か、阿佐ヶ谷の地名に換えてほしい」との要望が多かった。その結果、中央線の北側は高円寺北に、中央線の南側地域のうち馬橋通りの東側が高円寺南に、西側が阿佐ヶ谷南に改称された。この時代には、中央線中心の価値観がすっかり定着していたことがわかる。

オトリメ様

再び東高円寺に戻り、今度は北上する。ニコニコロードという昭和な雰囲気の商店街があるが、この商店街は比較的新しく、昭和十二年（一九三七）の地図ではまだ原型があるだけで、昭和二十年（一九四五）の地図では今の形になっている。この商店街を通る道は、すでに紹介した中野駅と妙法寺を結ぶ堀之内新道である。地元では「かいば道」と呼ばれていたようである。

このかいば道とお寺の高円寺の間が鷹狩りの場所だった。現在の高円寺東公園（高円寺南五ー一一ー七）の北東部は小高くなっているが、昔は雉山（きじやま）と呼ばれていた。鷹場を管理するための鳥見役宅は高円寺東公園の周辺にあったようであるが、はっきりしたことはわかっていない。『杉並区史探訪』（昭和四十九年発行）に収録されている地元の古老の話によると、この周辺は雑木山で、南側の斜面は、明治末から大正の初期にかけて、先述した、淀橋のおはらいをした中野の豪商、三代目浅田政吉の別荘になったという。その後別な人の手に渡り、戦後にはメルセス会修道院になった。また同書には、「山の北側の土地は〝オトリメ様〟と呼ばれ、昔オケラやカガエビ虫等の鷹の餌を収めた小屋があったと言い伝えられています」という話も収録されている。この「オトリメ様」は、「お鳥見様」のことだろうと言われている。現在は、自動車の騒音と沿道のマンションばかりが目立つ環七だが、その東西に江戸時代の記憶が残っているのである。

ニコニコロード（撮影：西牟田奈々）

中野と荻窪を結ぶ滑走路の計画

高円寺の地図とにらめっこをしていると、何やらおかしな道が東西に走っていることに気がついた。中野駅北口のサンプラザの西のほうから荻窪駅北口の天沼の日大二中・二高までつながっている道である（口絵四・五頁地図「中野～阿佐ヶ谷」上方）。

サンプラザがあるあたりは、お囲いがあった場所だ。その場所に、明治中期に鉄道隊が創設され、日露戦争の後に気球隊が併設される。大正二年（一九一三）には、鉄道隊が移転して電信隊が入った。そして、中野から天沼までの約二・五キロメートルにわたって幅三〇～五〇メートルの軍用地がつくられたのである。ここで、鉄道の敷設や電話線の敷設の演習が行われていたという。

また、大正八年（一九一九）、第一次世界大戦で飛行機の重要性が認識されると、気球隊は飛行隊に編成替えされた。このとき、滑走路をつくる計画が持ち上がり、二・五キロメートルの軍用地は幅約一〇〇メートルに広げられた。さらに、馬橋公園を含む一万七〇〇〇坪が飛行機格納用地として買い上げられた。

ところが「民家が近くにある」「全体的に狭い」などの理由で建設は見送られ、格納庫用地は雑草の生い茂るまま放置された。大正十四年（一九二五）に格納庫用地に陸軍通信学校が開校。後に開設された陸軍中野学校の教場にも使用されたと言われている。

昭和十四年（一九三九）に通信学校が移転、その後陸軍気象部が入った。そして戦後、土地の一部に先述した気象庁の気象研究所が入った。残りの土地が、馬橋小学校と馬橋公園となったのである。

その後、軍用地は次第に宅地化され、その一部が現在でも、道路として残った。これが、高円寺駅の北側を東西に走っている「おかしな道」の正体である。

ちなみに、馬橋公園の西はお伊勢の森と呼ばれた場所である。お伊勢とは、阿佐ヶ谷神明宮のことである。『江戸名所図会』によると、日本武尊（やまとたけるのみこと）が東征の帰途阿佐谷の地で休息し、後に尊の武功を慕った村人が旧社地（お伊勢の森と称される現在の阿佐谷北五丁目一帯）に一社を設けたのが始まりという（現在のお宮は江戸時代に移設されたものである）。お伊勢の森の近くに杉並区立杉森中学校があるが、これは〝杉並のお伊勢の森〟の意味だという。

お伊勢の森は、鬱蒼（うっそう）とした杉林で、昼でも暗く、追いはぎが出ると言われるほど淋しい場所だった。そこに、中野の通信隊の軍人がラッパの練習に来るようになり、いつしか「ラッパの森」と呼ばれるようになった。ラッパの音が聞こえる間は安心して通行できる。当時の住民にとっては、頼もしいラッパの音だったらしい。

このように、近代以前ののどかな杉並が善福寺川流域に発達したのと対照的に、近代以降の杉並は中央線沿線の軍事拠点としても発達した。そして、その後の発展によって、あまりにも中央線が強いイメージを持つようになったために、近代以前の地理と歴史が見えなくなってしまったのである。

第三章　阿佐ヶ谷

聖域・湧水・古道・河川・釣り堀から読む地域構造

文・写真＝陣内秀信・柳瀬有志

地上の風景がめまぐるしく変わる東京だが、大地の古層に目を向けると、地域の特徴が驚くほど見えてくる。地形、河川、湧水、聖域、古道、遺跡、寺社などが、その構造を解く鍵になる。杉並区から中野区へ南北を結ぶ一筋の古道に光を当て、地域に隠れた構造を浮かび上がらせるとともに、凸凹地形を観察しながら、江戸近郊農村の原風景を描いてみよう。

新宿－中野、高円寺に続き、本章では、中央線のひとつ西の駅に移動し、同じ杉並区の阿佐ヶ谷の周辺を歩くことにしたい。陣内と柳瀬の二人の担当だが、このコンビは、これまでいろいろな調査に一緒にチャレンジしてきた。特にイタリアの聖なる島、サルデーニャでの調査（一九九三－九五）で得た貴重な体験を生かし、武蔵野に象徴される東京の郊外を新鮮な目で見る方法を見出した。キーワードは〈湧水〉〈遺跡〉〈古道〉〈聖域〉。大地に刻印され、受け継がれたこれらの永続性を持つ要素に注目すると、古代の記憶に生きるサルデーニャの特質が浮かび上がる。同様に、地上の風景がどんどん変化する東京で、逆に変わらぬ大地の古層に着目し、川、崖線、古道、湧水、遺跡、寺社などに目を向けると、埋もれ眠っていた地域の本来の構造が驚くほど明快に姿を現すのである。

こうした作業の面白さに取り憑かれ、その成果を報告書『東京　郊外の地域学』にまとめたのが一九九九年のこと。とりわけ阿佐ヶ谷周辺は、陣内が二歳から長く住み、その原風景が変化する様を肌で感じ続けてきた場所だけに、重要な調査地域のひとつに選び、当時、柳瀬が学生たちを率いて調べ回った経緯がある。再度、二人でこの阿佐ヶ谷地域を初心に返って歩き直したところ、さまざまな面白い発見ができた。

土地の本質を知るため、川と古道に注目する

　思うに、杉並区に住む人は、日頃、鉄道を軸に空間を認識することに慣れているに違いない。西武新宿線、中央線、井の頭線、京王線といった具合だ。しかし、どれも近代にできた新参者であり、それに惑わされてはならない。杉並の本質を知るには、まず川から出発する必要がある。この区には四本もの川があり、地形上も凸凹が多い。北から、妙正寺川、桃園川（今は暗渠）、善福寺川、そして神田川。いずれも西から東へ流れ、流域コミュニティを形成した。縄文・弥生時代の集落や、古墳、古い寺社などがやや高台につくられた。水の湧く場所はとりわけ重要だった。次に、それにやや遅れ、あるいは並行して、古代・中世の微高地を通る古道がいくつも形成された。鎌倉街道を含む南北に走る何本かの道はその典型である。その次が、江戸幕府によって整備された、尾根筋をなぞりながら放射状に西に伸びる近世の街道であり、それに面して集落や町並みが緩やかに形成された。そして最後が、近代の鉄道である。ちなみに中央線（甲武鉄道）は、人為的にまっすぐ東西に通されたから、阿佐ヶ谷あたりでは地名が示すとおり、谷（低地）を通ることになった。

　ところが、人々の日常において意識される重要度は、まさに逆の順になっている。つ

まり古い構造ほど、深層に眠っていて意識されることが少ない。だが、〈湧水〉〈遺跡〉〈古道〉〈聖域〉の理論を武器にすると、阿佐ヶ谷周辺に、古道の重要な筋がくっきりと姿を見せる。南の善福寺川沿いの高台に登場した「大宮八幡宮」、阿佐ヶ谷駅の少し北の桃園川沿いの微高地にできた「阿佐ヶ谷神明宮」、北に移動し中野区白鷺(しらさぎ)に入り、妙正寺川の手前の高台に鎮座する「鷺宮八幡神社」。いずれも十一、十二世紀に創建されたこれらの重要な神社の間を見事に結んで通る古道が、本章の主役である。鎌倉古道〈街道〉の名はあちこちで登場するが、この古道に関しても、松ノ木の祠(ほこら)、および鷺宮八幡神社の案内板に、鎌倉道、鎌倉街道とそれぞれ書かれているのを発見した。だが地元の人々にはその意識がなく、真実の究明は簡単ではない。いずれにしても、そう呼びたくなる南北を明快に結ぶ軸線だ。

以上のような発想に立ち、地形(川、丘や崖)、湧水、植生、遺跡の分布、聖なる場〈寺社〉、古道、集落分布、近世の街道、町並み、近代住宅地など、都市にいくつも重なる歴史のレイヤーに注目しながら、阿佐ヶ谷周辺を対象に、東京の郊外地域のトポス〈場〉の特徴を読み解くことを試みたい。途中、随所でインタビューを行い、地域を読むための貴重な情報を得ることができた。

地蔵、庚申塚、遺跡などに地域の古層を読む

出発は、阿佐ヶ谷駅。陣内がいつも買い物をするパールセンターという商店街は、かつての古道（鎌倉古道という説もある）にあたっている（口絵十四頁写真参照）。逆に言えば、その古道が甲武鉄道とぶつかる位置に、阿佐ヶ谷駅が大正十一年にでき、その駅前に商店街が発達したという順になる。なるほど中世の道らしく、くねくね曲がり、そこにイスラーム風のアーケードが架かるだけに、独特の雰囲気がある。しかも、その中ほど、鰻の老舗「稲毛屋」がある、東西方向の古道と交わる辻に、地蔵と庚申塚が祀られている。建物が建て替えられても祠はより立派になり、いつも供え物が絶えず、今も信仰の対象となっている。さらには、この商店街がすずらん通りとなって青梅街道とぶつかる場所に、この地域の大地主、村尾家の素晴らしい豪邸があり、その向こう側には、古くから田端（たばた）交番がある。重要ポイントがすべて地域の古層と結びついていることが見えてくる。

古道というのはやや高いところを通り、曲がり具合といい道幅といい、独特の気配がある。いい屋敷が点在するし、ケヤキなど、大きな古木がところどころ姿を見せる。青梅街道を渡ってしばらく進むと、「関口のお地蔵様」を発見。やはり小さな交差点に祀

阿佐ヶ谷駅からすぐの商店街「阿佐ヶ谷パールセンター」。途中に地蔵と庚申塚が祀られている

られている。ちょうどご婦人が水をかけて、清めているところだった。お話をうかがうと、江戸時代からのこのあたりの地主堤家が、代々この祠を守ってきたという。早速、今の当主で十代目という堤登志男さん、夫人の紀子さんを呼んでくださり、素敵なお話が聞けた。二八〇年前に、関口という名のこの土地の母親たちが稗や粟を堤家に持ち寄り、換金して蓄え、子どもたちの成長の守り本尊として建立された。今も年三回、慶安寺の住職を招いて供養をし、すぐ近くの堤邸で講話を聞くという。われわれも次回の五月二十日にぜひどうぞ、とお誘いを受けた。長年、祠の献花、清掃管理を担う栗田キエ子さんは、ボランティアだそうだ。都会の中に、今なおこうして江戸時代から続く農村共同体の精神が生き続けているの

は、ちょっとした感動である。

少し行くと、新高円寺で青梅街道から分岐してこの地域を西南西に向かう近世の五日市街道にぶち当たるが、歴史上、先輩格にあたる古道は堂々と横切って延びる。微地形に応じ、大きく弧を描いて進んでY字路に出た後、南下する。ここで西の裏手に何やら気配を感じ、少し下がり気味に歩くと、古道と並行して走る暗渠となった路地を発見。近くの幸栄電気店のご主人にうかがうと、確かに川の流れがあったという。曲がりながら善福寺川まで至るこの水の流れを境に、東の松ノ木、西の成田東と地名が分かれる。最近、マニアックな暗渠探訪が流行っているが、この暗渠も絶品で、人通りのない裏手に緑に包まれ静寂に満ちた世界を生んでいる。ところどころ成田東側から延びる道がここで行き止まり、暗渠の道へ下りる階段が設けられていて、実に絵になる。

関口のお地蔵様で出会った堤登志男さん、夫人の紀子さん、栗田キエ子さん

善福寺川近くに来ると、古道沿いの風景も徐々に表情を変えていく。今までは赤松が目印となるお屋敷が並ぶ住宅地であったが、住宅の敷地外周を背の高い屋敷林で囲い、蔵を持つ農家らしき古い建物が受け継がれている。このあたりには、先ほどの戦

後にできた住宅地よりもさらに古い歴史の層である杉並の農村地域の原風景が見出せる。古道沿いの一角には、背の高い屋敷林が所狭しと植わっている。

さらに南下すると、小さな辻に、今日三つ目の祠を発見。綱吉の時代、貞享二年（一六八五）につくられた庚申塔で、「三百年を超える年月、阿佐ヶ谷から永福町に至るこの鎌倉道を行き交う人々を見守ってきた」と書かれている（二〇〇五年作成の案内板）。庚申と地蔵が祀られ、ここでもきれいに花が献じられている。今でこそ、われわれのような歩き方をする人間はいないが、かつて往来が多かったことは想像に難くない。すぐ二軒先に、道に面して神社の鳥居がある。小さな稲荷で、参道に沿う大木の並木が鎮守の森のような風情を生んでいる。

古道を歩いて、聖地・大宮八幡宮へ

古道をさらに南下すると、杉並区内最大級の遺跡「松ノ木遺跡」がある。先土器時代から縄文・弥生時代を経て古墳時代に至る複合遺跡であり、一五〇基以上の住居址(あと)が台地の上を埋め尽くしていたという。現在も、雑木林に囲まれる松ノ木中学校南側のグラウンドの一角に、その遺構の一部が残されている。和田堀公園に面するグラウンドは、休日、野球をする子どもたちで賑わいを見せる。遺構の説明を記すプレートには「台地

成田東の暗渠の道に下りる階段

貞享２年（1685）につくられた３基の庚申塔を発見／杉並区松ノ木１丁目

和田堀公園内の松ノ木遺跡につくられた竪穴式住居／杉並区松ノ木１－３

大宮八幡宮近くには、善福寺川が流れる

南側下に広がる湿地帯や善福寺川に集まる動物・魚などを捕り、周辺の林で木の実を採集しながら生活していたと思われる」とある。緑に囲まれた遺構を眺めていると、そんなのどかな生活の情景が浮かび上がってくる。

さらに古道を辿っていくと、川の向こうにわれわれが目指してきた大宮八幡宮が見えてくる。善福寺川の南の高台に立地し、大きな森に包まれ荘厳な雰囲気に満ちた、杉並区が誇る神社だ。

大宮八幡宮は、康平六年（一〇六三）、源頼義が白旗となった雲の下に、石清水八幡宮の御霊を移し奉ったことが起源とされる。二〇一三年が鎮座九五〇周年記念にあたり、薪能（たきぎのう）などさまざまなイベントが組まれているという。神域の広大さから「多摩の大宮」と称される大宮八幡宮は厳格な神域である。今日も参道の脇には水が湧き、近隣からペットボトルを手に水を汲みに来る人も多い。説明書きによれば、かつては真清水が渾々と湧き出ていたが、今では周辺の宅地化によって水脈が細り、ポンプで汲み上げているという。

創建からおよそ950年が経つ大宮八幡宮

参道の湧水を、ペットボトルに汲みにくる人も多い／杉並区大宮２－３－１

大宮八幡宮の歴史は、実はこれよりも古く、対岸の松ノ木遺跡が古代の生活の場であったのに対して、この地は都内初の方形周溝墓（ほうけいしゅうこうぼ）の発掘場として知られ、当宮鎮座以前から「聖地」とされてきたと考えられる。

杉並区には古道として受け継がれる道が多くあるが、これら古道を辿ると多くの道が大宮八幡宮につながっている。しかも、それら古道沿いには、古代の遺跡・遺構が多くあり、地域スケールで見ても大宮八幡宮は古代からの神域であったと考えられる。

和田堀公園にある「つり堀武蔵野園」

大宮八幡宮がある善福寺川沿岸は、風光明媚な土地柄から近代にはいろいろな要素が入り込んでいる。明治四十年には日本済美学校、昭和初期には高千穂商科大学がつくられ、さらにこのあたり一帯は和田堀風致地区に指定されている。

和田堀公園の一角には、古くから水が湧き続ける場所らしく古い釣り堀があり、休日には家族が集い、近隣住民のちょっとした娯楽スペースとなっている。「つり堀武蔵野園」と呼ばれ、この中には、釣り堀を見ながらオープンエアで気分よく食事ができるレトロな食堂もある。また釣り堀の正面奥には弁財天が祀られ、古い歴史を感じさせる。食堂の主人にこの釣り堀の歴史を尋ねると、湿地にあった自然の池の釣り堀を先代が買い、今のような形に整備し、食堂も始めたという。現在、三代目の息子に経営を譲りつつあり、杉並の自然に包まれた人々の生活の層も重なりながら、歴史を刻んでいる。

水をキーワードに探る、阿佐ヶ谷神明宮周辺

ここで高円寺駅までバスで移動し、中央線で一駅乗って阿佐ヶ谷駅から再スタートする。阿佐ヶ谷界隈も、緩やかな谷地形で水が出やすい土地柄のため、古くから釣り堀がある。阿佐ヶ谷駅南口のよくある飲み屋街で、名前からして本来、川が流れていたはずの「川端通り」の先の奥まったところに、釣り堀「寿々木園（すずきえん）」が潜む。休日に訪れると釣り堀を囲み、家族連れなどで賑わいを見せる。主人に聞くと、阿佐ヶ谷駅ができた二年後の大正十三年の開業で、自分が三代目にあたるという。水を介した生活の歴史の層は、ここでも受け継がれている。アプローチの道に沿って、昭和四十年代初めまでドブ川が見えたという。川端通りにも川が流れていたことが証明できたのは収穫だ。

これまで阿佐ヶ谷駅より南側の地域を探訪してきたが、今度は駅の北側を歩いてみよう。これまで歩んできた古道は、中杉通りに沿って北側にどこまでも延びる。少し足を進め右手前方に目をやると、駅前とは思えないほどの圧倒的な雑木林の塊が見つかる。

ここは、近世の農村の頃からの大地主の相沢家の邸宅で、「ケヤキ屋敷」として地元の人々から親しまれてきた。明治時代の古地図にもすでに相沢家の屋敷があることが確認できる。杉並区立郷土博物館を訪ねると、写真機が普及したての頃の相沢邸の写真があり、それと比べてみても、鬱蒼とした雑木林に囲まれた風景が今も継承されているのがわかる。

鬱蒼とした森をなす阿佐ヶ谷神明宮／杉並区阿佐谷北1-25-5

さらに古道に沿って進むと、相沢家の反対の西側に第一小学校がある。この学校は大正十一年（一九二二）の駅開業とほぼ同時期に創設された。古道は、阿佐ヶ谷一帯が農村集落だった頃の鎮守社「阿佐ヶ谷神明宮」の参道にまっすぐ導く。緩やかに坂を上っているのに気づく。谷の名のとおり、おおむね低地だった阿佐ヶ谷のこの地にあって、最も高い位置に十二世紀末創祀と伝えられる「神明宮」が立地し、その前方、南側の条件のよいやや高い場所に「ケヤキ屋敷」があり、近代初期に有力家の西に隣接し古道に沿って「第一小学校」が登場したという形成の論理が読み解ける。

阿佐ヶ谷神明宮の裏手では、荻窪駅の北の「天沼弁天池」を源とする桃園川の痕跡探しがテーマだ。昭和三十六年（一九六一）に東京の都市部の河川について下水道化の答申があり、桃園川は昭和四十年代までにすべて暗渠化された。神明宮の裏に回り込み、住宅地の間を低いほうへ下りていくと、蓋のかかった狭い暗渠を発見。桃園川へ流れ込む用水路がドブ川と化していたに違いない。それを抜けると、広い曲線状の道路に出る。川の蛇行を感じさせるこの道筋こそ、桃園川が暗渠化された跡だ。

さらに奥へ入り、また蓋の架かった暗渠が登場。折よく顔を出した年配の男性にお話をうかがうと、阿佐谷北一丁目のこの辺は、かつて小さな水路だらけで、目の前の水路は大雨のときよく氾濫したとのこと。きれいに花が植えられ、緑道となった周辺の暗渠の小道を案内していただいた。水路探しが急転換、思わぬ文学談義となった。九二歳とは思えぬお元気なこの鈴木晉平氏、実は著名なアナキストの石川三四郎が叔父にあたり、与謝野晶子の石川三四郎に宛てた手紙、森鷗外の校正原稿など、文学ファンが見たら驚く貴重な資料をたくさん持っておられる。お宅にお邪魔し、そのお話にしばし耳を傾け、文士の多い街、阿佐ヶ谷らしいうれしい体験ができたのである。

四〇年ほど前に北に向けて貫通した中杉通りに出て、阿佐ヶ谷神明宮の西に隣接する世尊院まで戻り、このケヤキの大通りを突っ切り、古道の道筋に再び入り込む。十五世紀前半の創立という世尊院も古道に沿って見事に配置されていたが、中杉通りの貫通で境内が分断され、墓地が西に切り離されたのがよくわかる。

さて、大正十一年に阿佐ヶ谷駅ができたことをきっかけに、南のパールセンター商店街と同様、北のこちらにも、古道沿いに活気ある松山通り商店街が形成された。しばらく北西へ進むと、法仙庵（幕末の創立）の塀沿いに見事な弧を描きながら、古道は下っていく。降り切ったところで、先ほど見た暗渠化された桃園川跡の遊歩道部分と交わる。さらに進むと、「八幡煎餅」の店の脇に、暗渠化され遊歩道となったもう一本の水路跡

暗渠となった緑道を歩く鈴木習平さん

今は使われていないが、八角柱の井戸の発見から、かつての水脈を確認できた

がある。このあたりの土地が低かった様子が身体で感じられる。

ちょっとばかり上りつつ北上すると商店街と枝分かれする道の角に建つ、モダンな意匠を用いた古い木造建築の碁会所「いこい」の前に、石をくりぬいたかのようなコンクリートの八角柱の形の妙に気になるオブジェがある。どう見ても井戸に違いない。店は閉まっていたが、古くからすぐ近くに住む二人の女性、竹内敏子さん（七八歳）と、若いのに地元に詳しい内田紀子さんから話が聞け、幸いにも井戸と確認できた。このあたりには、地下の浅いところに水脈があって井戸が簡単に掘れ、あちこちに分布しているそうだ。

この商店街は関東大震災後に引っ越してきた人が大半だという。竹内さんは親の代から豆腐屋を数年前まで五〇年間営業し、内田家は少し南で乾物屋を経営していたが、川が溢れて水害に悩まされたので、やや高い今の位置に引っ越したとのこと。店の多くは変化しつつも商店街は賑わいを続けたが、一九八〇年前後に中杉通りが北まで貫通し、バスの路線がそちらに変わってから往来が減り、かつての繁栄を知る彼女らの目には、今は寂しいという。道幅が狭いため、バスが時に商店の軒先をこすりながら、ぎりぎりで通り抜けていた頃を、地元の人々は懐かしがる。しかし、古道らしく緩やかに曲がる個性的な雰囲気だけに、素敵な店がすでにいくつかでき始めており、今後この道筋が注目されることは間違いない。

まっすぐな中杉通りと曲がりくねりながら併走する古道は、早稲田通りで中杉通りと合流。その北へは古道の道筋だけが自然体で延びていく。見どころは多くはないが、大地主の鬱蒼とした屋敷や、鋭角に分岐する道の辻の祠など、古道ならではの風格のある要素が迎えてくれる。

高台の聖なる空間、鷺宮八幡神社が示すもの

最終ゴール地点が近づくのも、気配でわかる。尾根を行く道がいい感じでぐっと北東へカーブし、地形が全体として両側に降りていくのが感じられるのだ。ここでは緑豊かな台地が北に張り出しており、その裾を巻くように、妙正寺川もそこだけきれいに北へ蛇行する流れを描く。その流路の最北地点で接するように、低地に西武新宿線が通され、古道と交わる地点に鷺宮駅がつくられたのだ。地形を生かした典型的な空間づくりの手法と言える。高台の立派な鷺宮八幡神社の創建は、なんと大宮八幡宮の翌年の康平七年（一〇六四）というのも驚きだ。それを結んで、鎌倉街道ともいわれるこの古道が南北を走るのである。しかも中間地点には、中世に起源を持つ阿佐ヶ谷神明宮が鎮座する。鷺宮八幡神社の東から北にかけて、十六世紀初めに創建された福蔵院の広い境内と墓地があり、川に向けて張り出す緑に包まれた最高の場所を、寺社の聖なる空間が今なお独

11世紀の創建と伝えられる古社「鷺宮八幡神社」／中野区白鷺1-31-10

占しているのが印象的である。

一方、妙正寺川に架かる八幡橋に立つと、洪水から守るべくつくられた典型的なコンクリートの三面張りの河川空間が目に飛び込む。これは、人々の生命を守る公共事業の成果である。かつてのどかな田園を通り、多様に使われ、人々に親しまれたこの川も、近代に周辺の低地で市街化が急速に進み、大雨のたびに水害に悩まされた。昭和四十三年（一九六八）に完成したその偉大なる河川改修工事の記念碑が、古道に面した祠の境内に立っている。その歴史の重みが感じられるが、今のあまりに味気ない妙正寺川の水辺空間については、近い将来、魅力的な形に蘇るのを期待したい。

杉並区から中野区にかけて南北を貫くたった一本の古道を軸に、阿佐ヶ谷周辺に眠る隠れた地域の構造を浮き上がらせることを試みた。古地図を活用し、インタビューも駆使して地元の人々の記憶を掘りおこしながら、地域の生きた歴史を探った。だが、何よりも自分の足裏感覚で凸凹地形の高低差を感じ、歴史の層の重なりを身体で理解することが肝心なのである。そこから見えてくる阿佐ヶ谷周辺の地域像は、ふだん見慣れた風景とは大いに異なるはずだ。

私の原風景――成宗周辺の地形を歩く

陣内秀信

阿佐ヶ谷周辺の隠れた地域の構造を描くのに、まずは、杉並区から中野区にかけて南北を貫く一本の古道を軸に論じてみた。ここではさらに視野を面的に広げて、私の個人的な原風景とより密接に結びつく、すぐ西側に展開するエリアにも目を向けてみたい。

父が東京に惹かれて郷里の九州から上京して以来、私は二歳の頃から杉並区の「成宗（なりむね）」という場所で育った。杉並区は二〇一二年、区制施行八〇周年を迎えたが、江戸時代、この杉並地域には二〇の村があり、そのひとつが成宗だった。青梅街道より南に広がり、善福寺川を越えて、南の下高井戸と接するところまで達していた。崇高ないい名前だったが、一九六〇年代末の住居表示変更で、西に接する田端村が明治中期の町村制施行で分かれて名乗っていた東田町、西田町という町名と組み合わされ、成田東、成田西という機械的で何の意味もない名称に変えられた。地名の改悪の代表例として取り上げられることもあった。

高度成長期に入る前のこの地域には、山の手の西側に広がる、武蔵野の面影を残す典

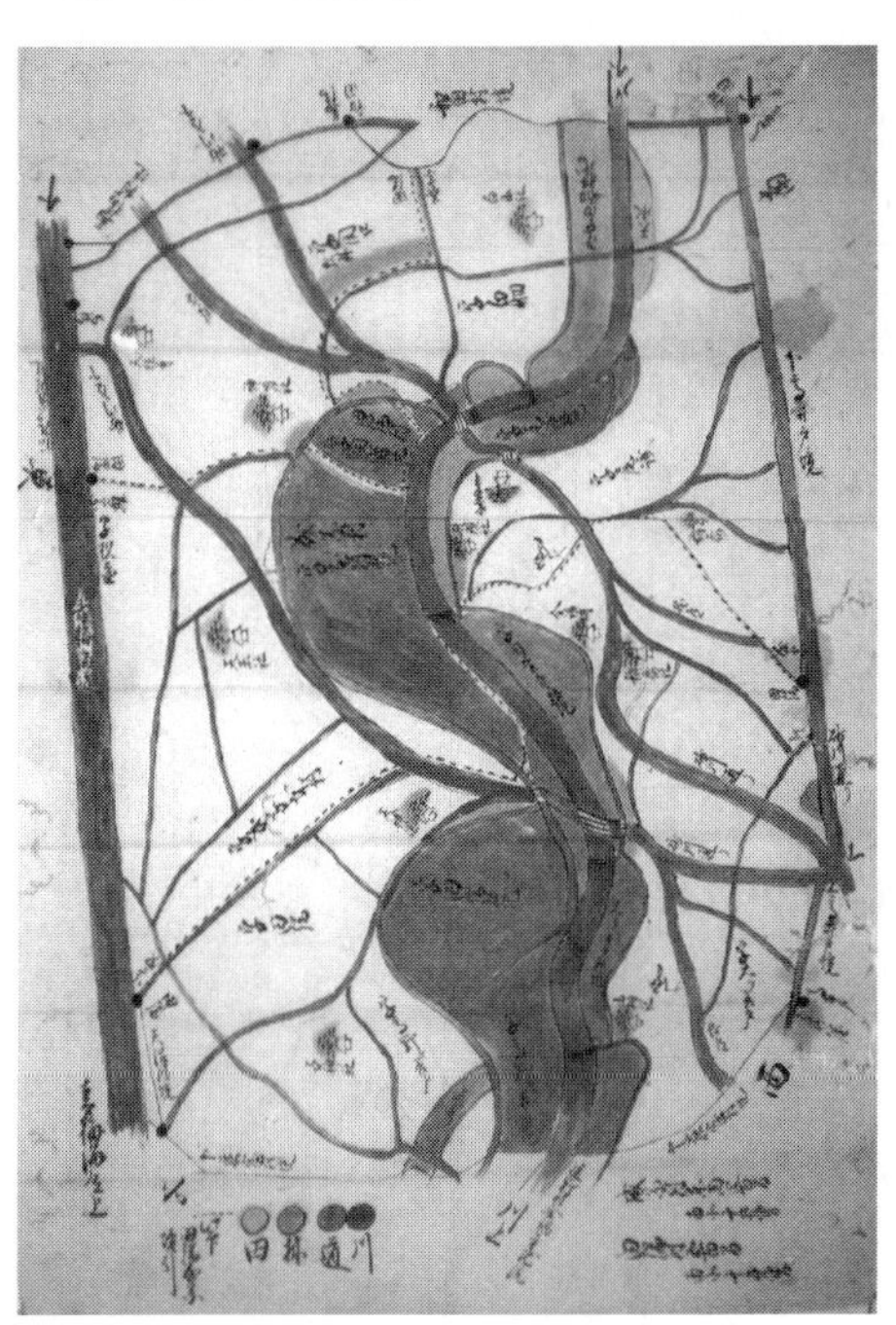

田端村・成宗村絵図（東京都立大学図書館蔵）

型的な郊外の風景が見られた。地形はくっきりと認識でき、川と丘の存在は大きく、古い集落、寺社の場所も特徴を物語っていた。原っぱ、藪、ため池など、子どもたちの格好の遊び場も地形や植生と一体となって分布していた。自分自身の原風景であるそれらの要素すべてが、かつて江戸の近郊農村だった東京のどの地域にとっても、場所のアイデンティティを描き出すのに、重要な手掛かりとなるに違いないと思う。

江戸以来の成宗村の北の境は、台地の尾根を通る青梅街道だった。その北には、阿佐ヶ谷村が広がっていた。すでに、杉並地域の新たな見方として、まずは川沿いの空間軸、そして古代・中世の古道（しばしば南北を通る）、次いで江戸時代に整備された江戸から放射状に伸び、杉並ではほぼ東西に走る近世の街道を見ることを提唱した。最後が甲武鉄道（＝中央線）、そして京王電気鉄道（＝井の頭線）といった鉄道なのである。

明治二十二年に甲武鉄道が通り、この地域では荻窪駅が早くも明治二十四年に開設されたが、しばらくその影響は小さく、大正後期を迎えるまでは閑散とした状態だったようだ。甲武鉄道を甲州街道に通す案もあったが、高井戸宿の反対運動で北のルートを選び、人家のない下荻窪村に荻窪駅が開設されたという経緯がある。そもそも鉄道の敷設に関して当初は、汽車の煙突から飛び火して藁葺き屋根の家が焼けることを住民が嫌ったと伝えられている。もちろん後の大正後期、阿佐ヶ谷駅がつくられる頃には、鉄道、駅の重要性が認識され、地元の有力者が駅の誘致に熱心に動く時代となっていたのだが。

杉並の特徴を方向づける基層を描く目論見を持った「中央線がなかったら」という本書の想定にとって、やはり江戸時代に成立した強い空間軸としての街道をまず見ておかねばならない。わが成宗周辺にとって最も重要なのは青梅街道である。この街道の成立については、一六〇六年の江戸城大改修にあたって、青梅付近の石灰を搬送するために

『御嶽菅笠』に描かれた荻窪の青梅街道沿い風景（『新修杉並区史（中）』）

新たに開かれたと伝えられる。中世には、杉並地域から武蔵国の国府の置かれた主要道の集まる宿場町として繁栄した府中へ通ずる道（確実に鎌倉街道と呼ばれる）が重要性を持ち、それとリンクしながら南北の往来を受け持つ古い道が幾筋も存在していたのである。その一本が、すでに紹介した十一、十二世紀に創建された大宮八幡宮－阿佐ヶ谷神明宮－鷺宮八幡神社を結び、途中、庚申塚など祠がいくつもある古道だった。

　ところが、江戸時代に入り道路事情が変わり、人の往来のルートが大きく変化した。徳川家康が武蔵野台地の東端の海辺に巨大な江戸の城下町を建設し、その中心から各地に放射状に伸びる街道を整備したときから、武蔵野の農村地帯は、江戸の近郊農村

『江戸名所図会』四谷大木戸

としての性格を強めていった。近郊農村の杉並地域は、麦・粟・稗などの穀類や、大根などの根菜類を生産し、商品として江戸へ売り出していた。青梅街道もこれらの農作物を農民が江戸に運ぶ重要なルートとなったのだ。江戸市域からの帰りには、肥料として価値のある下肥を運び、一石二鳥の経済効果があった。『江戸名所図会』に、甲州街道の四谷大木戸を通る、農民に引かれた三頭の馬がいずれも四つの桶を背負って下肥を運搬している様子が描かれているのが興味深い。大正期の杉並区域の農村では、朝市場に荷車で野菜を出荷した帰りに、下肥を積んで帰ってくる形式がいまだに見られたという（図録『江戸のごみ　東京のごみ――杉並から見た廃棄物処理の社会史』）。

高台をほぼまっすぐ通る青梅街道に対し、成宗村の南のほうを通るローカルな五日市街道は、まっすぐな道につけ替えられる明治の中期までは、曲折が激しく、特に善福寺川に架かる尾崎橋の東西両サイドに約七〇〇メートルに渡って七回も曲がるため、「尾崎の七曲がり」と呼ばれた。勾配のきつい坂より、緩やかに曲がる道のほうが歩くにも、物を運ぶにも少しは楽だったのだろう。それでも歩行者や荷車にとって名だたる難所だったが、多摩地方の木炭や農産物を江戸に運ぶ道として使われたという。今は直線化された五日市街道の裏手に、旧道の曲がった道筋が今も残っており、この区間には、古い寺院や庚申堂、多くの石仏などが残されている（杉並区公式サイト　すぎなみ学倶楽部参照）。私が一〇年間ほど住んだ家のすぐ南の一画に、「白幡（しらはた）の坂」と呼ばれる凄い曲線とアップダウンを伴う個性的なスポットがあり、その屈曲点の高台に庚申堂が祀られ、二つの地蔵と馬頭観音の石塔が並んでいる。ご神木のようにそびえるケヤキと松の巨木は遠くからも目立つランドマークだ。

旧五日市街道の「白幡の坂」に祀られた庚申堂

江戸時代、杉並地域の特産のひとつは、杉を中心とする木材で、青梅街道、五日市街道を通って甲州街道に合流し、四谷を経て江戸市中に入ったので、四谷丸太と呼ばれた。杉並の地に多く見られる屋敷を囲む防風林の木が木材としても商品となったのである。

詳細に描かれた明治十三年の二万分の一フランス式彩色地図を見ると、家がどの程度、建ち並んでいたか、実によくわかる。少しでも都市的な賑わいを持っていたのは、上高井戸、下高井戸（いずれも農業と兼業の宿場町）、堀之内妙法寺の門前の通りくらいで、あとは基本的には農村だった。それでも、往来の多い青梅街道には、ビジネスチャンスもあったはずだ。中野方面から高円寺、そして阿佐ヶ谷、さらには荻窪にかけて、この街道に沿って、かなりの家が並んでいたことがわかる。特に街道の北側に建ち並んでいる。明治六年の統計では、杉並地域では、おおむね人口の八〇〜九〇％が農業に従事していたことが知られる。住民の大多数は農民だったが、おそらく街道沿いを中心に商業、工業、その他のサービス関係の職業の人々がいたものと思われる。ただ、五日市街道に沿っては、「尾崎の七曲がり」の西の微高地ゾーンを除き、あまり家数は多くない。

近世、さらには中世における杉並地域の農家、集落の分布がいかなるものだったかは、興味あるテーマだ。それは実は、ここで私自身の原風景と重ねて読み解く成宗周辺の考察の大きなテーマでもあるのだ。中世の鎌倉時代から室町時代にかけて、死者の供養などのためにつくられた板碑（石製塔婆（とうば）のひとつ）が、幸い成宗村にも多く見つかってお

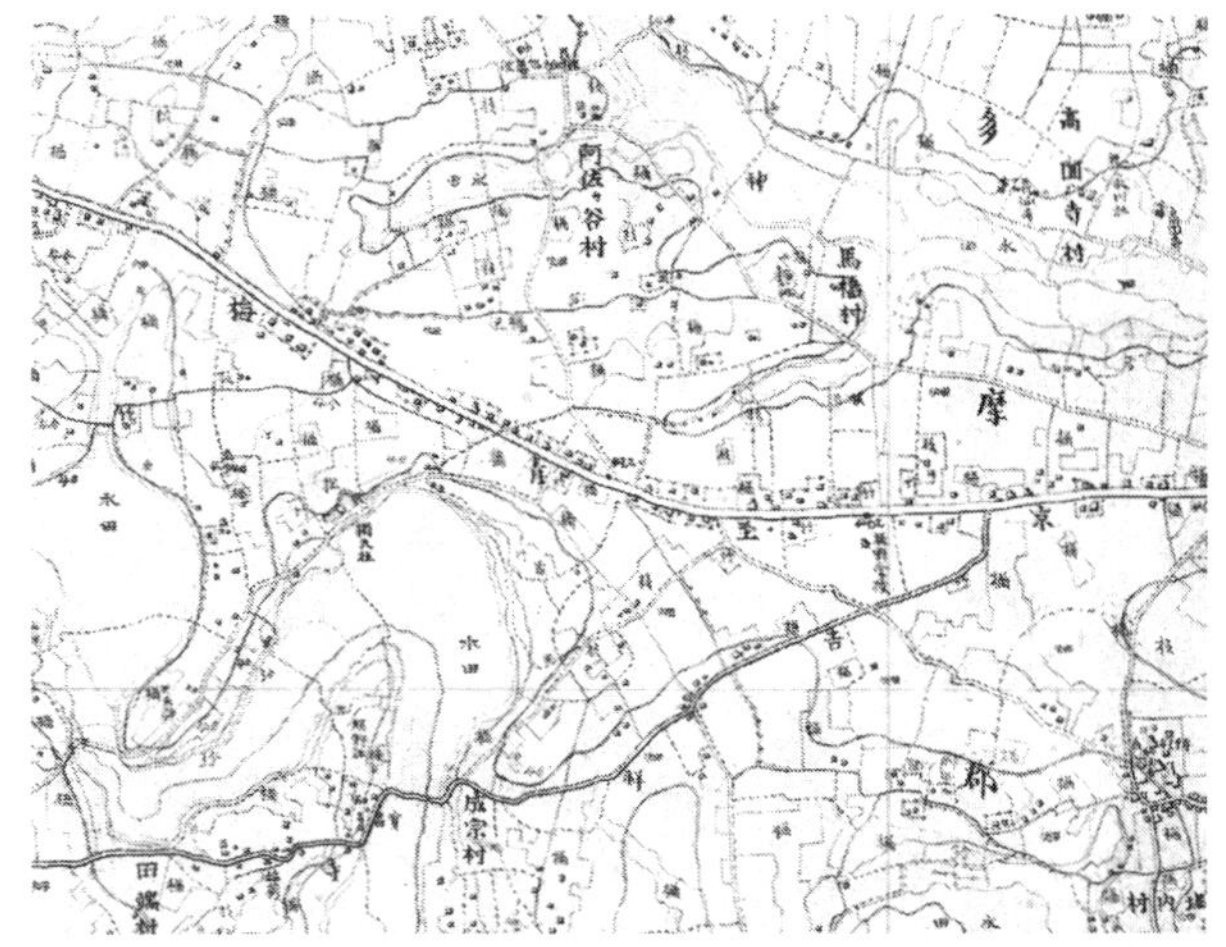

「東京府下武蔵国東多摩郡高円寺村」２万分の１フランス式彩色地図、明治13年測図（国土地理院蔵）

り、中世から集落がいくつもあったことを裏づけている。特に、最初に歩いた大宮八幡宮－阿佐ヶ谷神明宮－鷺宮八幡社を結ぶ南北の隠れた古道に沿って、少なくとも三カ所で板碑が発見されており（杉並区立郷土博物館常設展示による）、中世にこの道が重要だったことを物語る。この南北を結ぶ古道は、近世に江戸の中心から放射状に街道が外へ延び、そのルートの往来が活発になるなかで、相対的な重要性は小さくなっていったのだろう。明治十三年の地図で見ると、この古道に直接沿ったところには、家はまばらである。それでも、周りの条件のよさそうな場所には、それなりの数の家が分布して

馬橋村絵図、文久２年（1862）（杉並区立郷土博物館蔵）

須賀神社の境内

いるのが確認できる。

そろそろ本題に入ろう。すでに見たように街道沿いには近世に徐々に家並みができていった。しかし、近世における農家の分布は、幕末近くに描かれた村絵図や明治初期の地図を丁寧に見ることによって、古くから人々が住んだ川沿いのやや高い安全なエリアを中心に、あるいは、低地に広がる水田の周りに広がる高台に分布していた様子が見てとれる。とりわけ古い神社の周りには人々が住み続けてきた。

どの神社も、武蔵野の地形の凹凸をよく読みながらできている。やはり古い道に接し

弁天社と弁天池の埋め立てでできたマンション

ながら、斜面を生かし、神聖な境内を生みながら、神社が各地に祀られている。私自身が子どもの頃、よくゴムボールで野球をやった須賀神社の境内も、南向きの斜面の裾にあり、背後に鬱蒼とした山のイメージを持っていた。旧成宗村の鎮守社にあたるこの神社は、近世初期に存在したのは確実で、九四一年創建とも伝えられる。

その西隣に、もうひとつ古い祠があるのが注目される。右脇にそびえる立派な猿滑りの木の上方に美しい玉虫がいつもいて、昆虫採集のためにもなんとかそれを取りたいと願いつつ、とても高過ぎてかなわなかったのを思い出す。どうして神社に接してこの祠があるのか、不思議に思っていたが、調べてみると、それは湧き水に寄り添うように成立した弁財天の祠だったのだ。近在

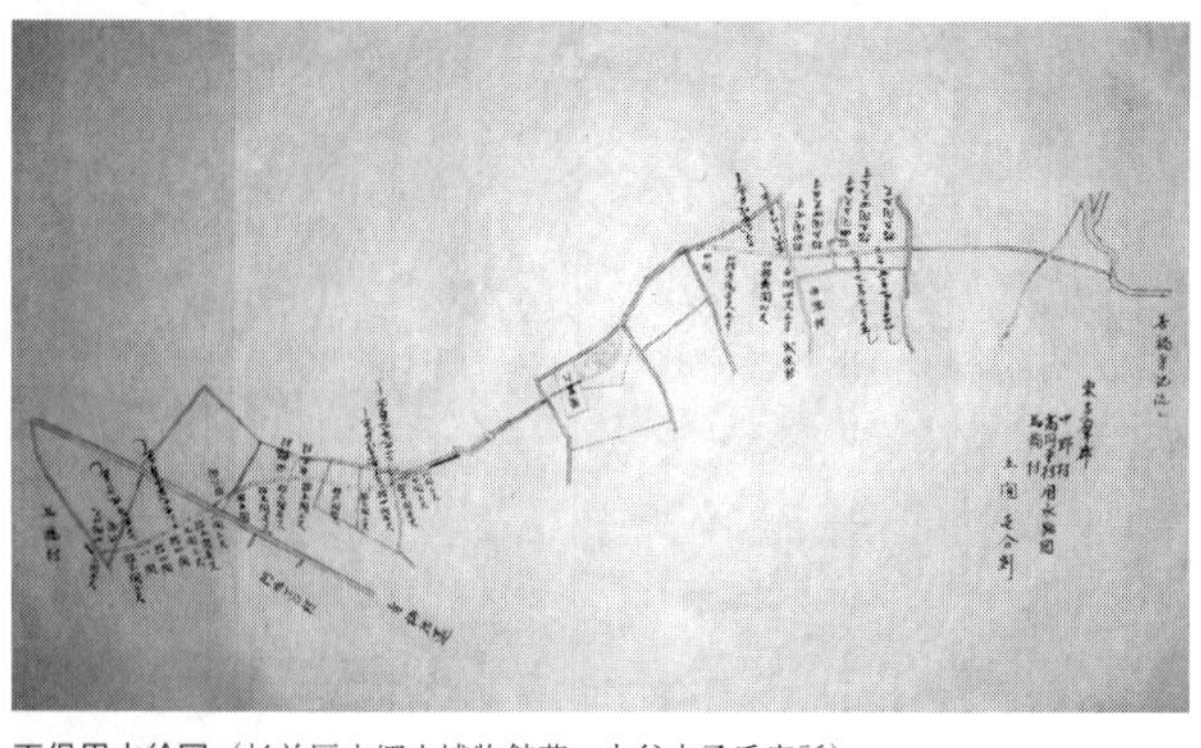

天保用水絵図（杉並区立郷土博物館蔵・大谷文子氏寄託）

の村々の水信仰の中心地で、日照りが続くと人々は雨乞いのため、この弁天社にお詣りし、弁天池の水を持ち帰る習慣があったという。残念ながら近年のマンション開発で池は埋められ、祠は比較的最近、火事で失われたが幸い再建され、場所性は持続している。この理想的な聖域としての立地を見せる神社、祠の前面には、水の流れがあった。

これが天保新堀用水と呼ばれるもので、天保年間に、水不足に悩む桃園川周辺の馬橋、高円寺、中野の村々を救済する方策として、水の豊富な善福寺川から桃園川まで、約二・五キロメートルに渡ってつくられた人工水路だという。杉並区立郷土博物館の常設展示でも、この用水の農村としての地域社会にとっての歴史的価値が力説され、天保十二年（一八四一）に提出された三つの村の代表者たちによる嘆願書と、そのルートを示す天保用水地図（明治期に作成）が展示されている。

須賀神社と弁天池の周辺、昭和 38 年（1963）国土地理院撮影の空中写真（資料名 MKT636-C7-8より）

二〇一二年に癌で亡くなった異色の音楽アーティスト、加瀬竜哉氏が実は暗渠マニアであり、「no river, no life」というサイトで天保新堀用水について、そのルートを徹底踏査し、その建設意義を熱く語っていた。武蔵野台地の尾根筋を通る青梅街道を越えて水を供給するために、なんと地下トンネル（胎内掘り）という離れ業を実現したのだという。この成宗弁財天の境内にある弁天池にいったん水を集め、その少し東に行ったあたりから地下トンネルとなり、青梅街道を越えて北東の桃園川の谷の地域へ水を供給したというのだ。杉並区役所のすぐ近くを通り、先に見た阿佐ヶ谷神明宮と大宮八幡宮を結ぶ古道にあたるパールセンターがすずらん通りと名称を変えるあたりを抜けて、この地下水路が通っていることになる。明治十三年の地図を見ると、そのルートがはっきり示されている。

ちかごろ、東京の凸凹地形にこだわる専門家、アマチュア研究家、町歩きマニアの市民が増えてきた。暗渠もその重要なジャンルを構成し、実に詳細なルート復元図の作成もなされ、地域の隠れた価値ある歴史があちこちで掘り出されつつあるのが、面白い。

なお、弁天社の鳥居の前に残る石橋・水路跡は天保用水の名残りだという。そして新堀用水の中継地とするため、池をさらに掘った際の土で、富士講のための築山がつくられ、成宗富士と呼ばれていた。荻窪に住んだ古老、矢嶋又次が遺した「記憶画」の一枚にも、この弁天社の背後にそびえる成宗富士の姿が描かれている。

いずれにしても、成宗育ちの私としては、前近代におけるこの土地の最大の要にあたる須賀神社、その隣の弁財天社が自分の遊び場だったことに今さらながら驚かされるし、幸運だったと思う。

成宗の周辺のこうした近郊農村の地域構造は中世にその原型ができ、近世に完成されていったと思われる。武蔵野の台地には、緩やかな起伏を持つ高台が広がり、天水だけで耕作できる畑地か山林か原野だった。大麦、陸稲、野菜などの畑が大きく広がっていた。こうした高台の縁あたりの湧水もある条件のよい場所に富裕な農家の屋敷が、その周りの水に浸からないやはり高い場所に一般の農家があったと言える。斜面の下に広がる平坦な低地は、一面水田だった。成宗の私の原風景の中では水田は極めて重要な位置を占めるが、土地利用のデータからすると、成宗も含む杉並地域では、畑のほうがずっと比率が高いのだ。水田は、そもそも川が氾濫を繰り返してきた低地なのだと言える。『新修杉並区史』下巻に明治二十一年における杉並区旧村落ごとの土地利用の比率が示されている。成宗村では田地二四%、畑地四〇%、宅地九%、山林・原野二七%となっており、隣接する阿佐ヶ谷、馬橋、和田、永福、田端のどれも畑地が六〇〜七〇%、田地は一〇〜一五%なのに比べ、水田が比較的多かったことがわかる。そもそも杉並では、明治三十年代までは、庶民の日常の暮らしは実に質素で、稗、粟、少しの大麦、陸稲を混ぜた食事が主で、米は特別の日のものだった。大正から昭和二十年代に至るまで、大麦七〇%、米三〇%の麦飯が普通だったようだ。富裕な家族にとっては、米食は日常的なものだったようだが、当時の社会全体としては、水田の占める割合はこの程度でも成り立っていたのであろう。こうして、武蔵野の中の杉並地域の地形条件、川や水の存在の有無と結びついた土地利用や農業のあり方が理解でき、さらには、それと見合った人々の食生活が存在したことが見えてくる。

いずれにしても、古代・中世に遡る古層、その上にまた近世の要素を重ねて、近代化を迎える前に、地域の基層構造ができあがっていたと捉えられる。その上に、近代の要素が次々に入ってきた。特に鉄道が入ったことが、大きな引き金となって、本来近郊農村だったこの地域の市街化、発展が始まったのである。甲武鉄道ができ（明治二十二年）、荻窪駅が置かれ（明治二十四年）、しばらく間をおいて阿佐ヶ谷駅が開設されたのは、大正十一年だった。それを機に、駅を中心に郊外の住宅地の形成が徐々に進んだ。前述の釣り堀が大正十三年に開設ということが、それを物語っている。すでに中杉通りでのインタビューで見たとおり、大正十二年（一九二三）の関東大震災の後に、下町を焼け出された商売人たちが、古道沿いに形成されてきた商店街に移って店を構えたのである。周辺の畑を潰して広がる住宅地の発展を背景に、商店街も繁栄に向かった。

ここで目を引くのは、江戸時代の都市発展に見られたのと似た現象が再び現れたという点だ。まずは、駅を中心に、江戸の市域に見られたのと同様、下町的な場所と山の手的な場所の組み合わせが登場した。商店街は近代の近郊に生まれた下町であり、商店経営者は町家の伝統を持ち込み、職住一体となった店舗併用住宅の型を踏襲した。その背後に、畑の農地を巡る狭い道を改良しながら、変化に富んだ住宅地の都市組織が形成された。下級武家地的な小規模住宅地が、不規則に広がった。パールセンターの東裏手を歩くと、変化に富んだ住宅地の様子がよくわかる。

一方、その名のとおり低地が続く阿佐ヶ谷の中では地形的に最も土地が高く条件のよい、中央線阿佐ヶ谷駅の北の、阿佐ヶ谷神明宮に接するケヤキ屋敷（相沢家）より東のエリアに、質の高い住宅がつくられる傾向があった。阿佐ヶ谷駅ができたのを境に、震災後、地主農家は、畑や雑木林を潰し、賃貸用の高級住宅をつくり、現在の屋敷町のような住宅地ができたのだ。当初は軍人が多く住んでいたという。そのため、近代の山の手らしい郊外型の高級住宅地が農家が並ぶエリアをすっぽり包むように広がっている。

私の家は、青梅街道から南に分岐する古い道を少し東に入ったあたりにあった。明治の地図では畑である。震災後に宅地化が始まり、戦後には、周りはすでに建て込んでいたが、子どもにとっては、格好の遊び場に満ちあふれていた。地主がミニ開発で建てた路地をはさむ六軒の平屋の家のひとつに、私の家族は住んでいた。初めの頃は、まだ共同水道が使われていて、終戦直後の雰囲気を残していたし、建て替えで二階建てになるまでは、近所の家族もみな銭湯に通っていた。郊外の下町といった気分がここにはあった。

表通りから一本入った狭い道は、子どもたちにとっては、メンコ、竹とんぼ、石蹴り、ゴム段、ベーゴマ、馬乗り、三角ベースの野球などの多彩な遊びの舞台だった。紙芝居のおじさんもよくやってきた。今のようにそれぞれの家が閉鎖的につくられているわけでなく、路地や垣根の隙間から家と家の間を自由に行き来できたから、缶蹴り、かくれんぼ、宝探しなどにはもってこいであった。

こうした風景は、甲武鉄道が通り（明治二十二年）、阿佐ヶ谷駅と高円寺駅ができ

(大正十一年)、またそれより一年先んじて、新宿と荻窪(明治二十四年に甲武鉄道の駅が設置)を結んで、青梅街道に大正十年に西武鉄道(昭和二十六年に都電杉並線となる)が敷設される等、近代の交通手段の整備に伴って形成された、近代東京の近郊住宅地の一般的な姿だったと言えよう。お屋敷もあれば、モダンな応接間つきの中流住宅もあれば、庶民的な界隈もあった。近代の山の手の中にも、まるで遺伝子が受け継がれるかのように、下町的な雰囲気が随所にあった。今、行ってみると、この周辺の建物はほとんど建て変わったものの、道の仕組み、敷地割り、路地のあり方などは変化するはずもなく、ある種の連続性を見せている。そして建物以上に、石積みや生垣の塀、大きな樹木などが今も残り、むしろ幼い頃の記憶を蘇らせる。

しかし、私にとってのもっと強烈な原風景は、高台から降りていく世界にあった。まさに、中央線の登場以前から、この地域の主役だった場所である。すでに触れた鬱蒼とした斜面に鎮座する須賀神社を右手に見ながら曲線的な坂を下りる。その左手には、同じ台地の斜面にまだ宅地化されずに武蔵野の雑木林が残っていた。その藪の中に分け入って、ターザンごっこ等に熱中した。この坂を下りて、しばらく行くと、どこまでも田んぼが広がっていた。春先に一面に咲いたレンゲ草の美しさは忘れられない。五月雨の頃には早苗が揺れ、涼やかな風を運んできた。水田の向こうに日東紡の社宅の美しい家並みがシルエットのように浮かんでいたのを、印象深く記憶している。その奥は台地にさしかかる斜面で、雰囲気のあるお屋敷が並んでいた。田んぼの周りの宅地化された低地には、ドブ川と化した用水路が通っていたのを思い出す。

この広大な田んぼを抜ける道は、鎌倉街道と呼ばれる。普通、古い街道は高いところを通るのだが、なぜかここだけは低地の中央を貫く。この古道に接してわが須賀神社が立地しているのだ。

この道はまさに、自分にとっての通学路であった。私が通った杉並第二小学校は、須賀神社脇の坂道を下って、田んぼを突っ切り、善福寺川を越えたもうひとつの高台のいい場所にあった。毎日、武蔵野の変化に富んだ地形を体感しながら通学していたことになる。

都市の近代化が始まる前の姿がここに見られた。チリンチリンと回ってくるゴミ屋の収集場所が、通学の途中の田んぼの際にあり、鼻を押さえながら通ったものである。低地を流れる善福寺川は毎年台風シーズンになると、何回かは必ず氾濫し、学校から帰宅できないことも珍しくなかった。非日常的な体験は、子ども心にはどこかわくわくするうれしいものだった。

善福寺川に架かる天王橋を渡ると、鬱蒼とした緑に包まれた坂を上るが、その右側の背後に隠れてため池があり、田んぼと並んで、ザリガニをとる格好の遊び場だった。坂の左手には、墓地が続いていた。坂を上ると洋館もあるお屋敷がいくつか並んでいた。

天王橋。かつては台風でしばしば渡れなくなった

鎌倉街道を右手（西南西）に折れ進んだところに、この地域の鎮守の森である尾崎熊野神社があり、河岸段丘の上の条件のよい場所を占めている。やはり古い神社で、大宮八幡宮とほぼ同年代の創建と伝えられる。地名の「尾崎」は小さな崎の意で、崎とは舌状に延びた台地の突端部をあらわし、このあたりの地形に由来したものと考えられている。昭和四十三年に、境内から縄文時代の土器や住居址が発掘され、古くからこの地に人々が居住したことがわかる。

神社の聖域と道をはさんで向き合う形で、わが学舎の杉並第二小学校がある。このあたり、善福寺川が大きく蛇行し、まるで北へ張り出す岬のような地形を生んでおり、その中央の尾根を鎌倉街道が通り、その北西側の高台エッジに尾崎熊野神社、南東側の高台エッジに杉並第二小学校が陣取る形なのである。見事というしかない。この学校は、明治十七年に東京府東多摩郡成田尋常小学校として開校した長い歴史を持つ。茅葺（かやぶ）きの校舎が建っていた当時の写真がある。すでに述べた阿佐ヶ谷神明宮のすぐ近くの一等地に、明治八年（一八七五）に中野村「桃園学校」の分校として開校した杉並第一小学校の場合とよく似ており、古い由緒のある小学校ほど、高台の条件のよい場所につくられたことがわかる。その点、私が通った東田中学校は後からできているため、あまり条件のよくない低地に立地する。杉並第二小学校の南側には、宝昌寺とその墓がある。小学校の校庭の南の寺との間に、善福寺川へ下りる「三年坂」と呼ばれる急な坂道があるが、鬱蒼とした空間には、異界への通路のような雰囲気が漂う。

この鎌倉街道と呼ばれる尾根道から少し西に奥まった位置に、立派な雑木林がある。子どもたちは所有者の名前をとって、カブヤマと呼んでいたと記憶する。鬱蒼とした森のイメージだった。この里山が子どもたちには、カブト虫を捕るのに格好の場所だった。朝早く出かけ、木の幹に砂糖水を塗っておく。ラジオ体操が終わった頃、山に戻るとカブト虫が集まっているというわけだ。

尾崎熊野神社

杉並第二小学校の古い門

戦後しばらくは、低地の水田は残し、かつて畑が広がり雑木林もあった高台から、さまざまな階層の住宅地が開発された。斜面緑地も高度成長期に入る前まではよく保全され、子どもの遊び場にもなっていた。古い小学校は、高台の条件のよい場所を早々と占有し、その近くには大地主の屋敷や森、そして寺院や墓地が今も存続している。

一九五〇年代前半、広大な田んぼの北端にすでに登場していた前身の小さな学校を受け継ぎ、立派な杉並高等学校が建設されたのを覚えている。その造成の土が盛られた空地は、しばらく子どもたちにはトノサマバッタを追いかける巨大な原っぱとして存在した。

カブト虫を採りにいったお屋敷の雑木林

その後、小学校の四年の途中、父の転勤でしばらく杉並を離れ、茅ヶ崎、仙台、福岡に住んだ後、中学三年の夏、高校受験を前に東京の杉並に戻った私は愕然とした。見慣れた風景はもうそこにはなかった。一九六〇年の前後にこのあたりの風景は激変したのである。都電に代わって、地下鉄丸ノ内線が荻窪までできたことが、開発の引き金になっていた。田んぼは広大な敷地を持つ阿佐ヶ谷住宅（一九五八年完成）に姿を変えていた。

その頃は、阿佐ヶ谷住宅ができて、まだ四年しか経っていなかった。かつて遊びまわった成宗の田んぼは、もうどこにもなく、ピカピカの団地に変わってしまっていたことに、一抹の寂しさを覚えた。しかし同時に、新しい団地という空間に心が惹かれたことも事実である。友人が阿佐ヶ谷住宅のテラスハウスに住んでおり、よく遊びにいった。玄関を開けると、二階へと誘う軽快な階段があり、モダンな建築はまだ見ぬ未来への夢をかきたてるものだった。少年からの脱皮の時期に、夢のように立ち現れた阿佐ヶ谷住宅は、私にとっては第二の原風景となった。

善福寺川・都立杉並高校遠望、昭和30年代（辻毅氏提供、杉並区立郷土博物館蔵。杉並区立郷土博物館写真展「レンズの記憶――杉並、あの時、あの場所」図録より）

この阿佐ヶ谷住宅は、日本の戦後社会にあって、急成長する首都東京の市民のために、集合住宅を提供することが求められたなかで登場した。その重要な任務をもって誕生した住宅公団には、若手の有能な建築家、都市プランナーが数多く集まり、夢あるプロジェクトに取り組んだ。都心には、晴海にル・コルビュジエによるマルセイユのユニテ・ダビタシオンのような高層アパートが実現した。一方、郊外には水田を潰して団地をつくる考えのもと、航空写真を利用しながら格好の土地を探した。白羽の矢がたったのが、私にとっての第一の原風景の舞台、成宗田んぼであり、そこに阿佐ヶ谷住宅が建設されることになったのである。まさに、小学校の通学ルートに広がる一面の田んぼの土地だった。すでに見たように、杉並地域でも成宗村には水田が多く、しかも戦後も残っていたのである。そこに住宅公団が目をつけたというわけだ。

気鋭のプランナー津端修一による全体の配置計画は見事で、周辺環境とも馴染ませながら、人と車の共存を考えて、道路は緩やかな弧を描く。それに沿って並ぶ中央部の四階建ての住棟は隣棟間隔をたっぷりとり、その周辺には二階建て三角屋根のテラスハウスが数多くつくられ、緑溢れるゆとりのある住環境を実現した。テラスハウスの設計は、晴海アパートと同様、フランス帰りの建築家、前川國男の設計事務所で、大高正人が担当。外観も内部も、実におしゃれな構成を実現した。

だが、社宅となった住戸が多いことも手伝い、メンテナンス不足で老朽化が進み、この名作の阿佐ヶ谷住宅も、建て替えの話がだいぶ前からあった。その方法を巡り揺れに揺れた結果、第一種低層住居専用地域に緩和型地区計画制度を導入して、民間ディベロッパーによる六階建てを基本とする建て替え案がつくられ、二〇〇九年に都市計画決定がなされた。私にとっての第一の原風景を潰して誕生した第二の風景がまた、失われることになった。東京の都市の異様なまでの激変ぶりを象徴する。解決すべき問題が多くあり、空き家が増えた異常な状態でもある。経済社会状況も変わってきたことを考え、リノベーション型を取り入れた方向への計画見直しを求める動きも強く示されたが、やはり当初の計画に沿って建替えが進み、二〇一六年、プラウドシティ阿佐ヶ谷ガーデンが完成した。

阿佐ヶ谷住宅　上・テラスハウス　下・団地の中心広場

さて、話を戻そう。高度成長期に入る頃、こうして広々とした田んぼを潰して阿佐ヶ谷住宅が建設された。その頃、斜面の藪も墓地もため池も失われた。だが減ったとはいえ、やはりまとまった緑地は今も、こうした斜面沿いに残る。日本の都市においては、大きな樹木や斜面の森の持つ場所の記憶の価値は計り知れない。

台風のたびに氾濫していた善福寺川は、逆に高度成長期、河川改修事業で見事な緑道として整備され、時間とともに、地域住民に愛される緑の空間として成長してきている。花見の名所であるし、ゲートボール場や犬の散歩道としても人気が高く、人々のくつろぎと交流の場となっている。ゆとりのある時代になると、こうした地域の資産としての古い空間の構造が、さらにさまざまな意味、役割を持つようになるに違いない。

以上、見てきたように、ちょっとその気になって地形を足裏で感じつつ、土地の姿を丁寧に観察すると、武蔵野の原風景が随所に浮かび上がる。近代都市のインフラであり、今は人々にとっての生活圏の空間軸を構成する中央線、そして地域中心の阿佐ヶ谷駅から離れれば離れるほど、懐の深い土地の古層と出会う機会も増え、町歩きを楽しめる。

ところが、人々の日常において意識される重要度は、まさに逆の順になっている。つまり古い構造ほど、深層に眠っていて意識されることが少ない。だが、一度これらの存在に気づくと、その地域ならではの空間的なアイデンティティをはっきり認識できるようになる。土地への愛着も増し、楽しみも増える。

通勤に明け暮れ、ベッドタウンに寝に帰るライフスタイルはもう古い。地元に目を向け、地域の面白さを発見することが、ますます重要になるに違いない。日常の暮らしの意識が鉄道と駅に意識を支配される従来の精神構造から、ぜひとも脱出し、自由な発想に立って地域に眠っている資産を発見してみたいものである。

第二部　多摩編

第四章　国分寺〜府中

いにしえの東京を探しに、古代武蔵の中心をめぐる

文＝根岸博之・井上倫子・篠井満夫　写真＝鈴木知之

中央線から南へ、国分寺崖線を下れば、そこは、いにしえの東京の姿を伝える、古代国家の中心地だ。二千年近くも地域を守り続けているとされる神社、伝統と進化の融合によりさらなる賑いを見せる祭、古墳、古代の官道、宿場に街道、鉄道に競馬場まで、重なり合う濃密な記憶と空間によって形成されてきた国分寺・府中。地形・水・遺跡・古道というキーワードに、空間・時間に密接に関係する「祭」という視点を加えて読み解く。

大國魂神社の「くらやみ祭」

五月五日午後六時、府中・大國魂神社に大太鼓の音が鳴り響き、神輿が一基、また一基と出発する。その数なんと八基。本殿周辺の灯が消えた暗闇を、威勢のいい掛け声とともに神輿が進んでいく。毎年四月三十日から五月六日まで行われる「くらやみ祭」最大の見どころ「おいで」だ。この祭のために何十万という人が府中に集まる。府中はいわゆる西の郊外だ。なぜ都心からこんなにも離れた地域の祭に、何十万もの人が魅了され続けるのだろうか。

舞台となる大國魂神社は、社伝などに記された伝承によると景行天皇四一年（一一一）の創建と伝えられ、その歴史は一九〇〇年以上ということになる。湯島天神（四五八年創建）や浅草寺（六二八年創建）よりも古い歴史をもつといわれる。別名武蔵

大國魂神社

総社六所宮と呼ばれ、武蔵国に広がる六つの神社を奉祀している。

府中には、武蔵国の政治的中心である国府（国を治める国司が政務を行う国庁という施設が置かれた都市）があった。近年、国府の中のさらに中心的な場である国衙（こくが）（国庁とその周辺の役所群）の遺構が、大國魂神社の脇から発見されている。そもそも「くらやみ祭」は古代の国府祭に由来する祭礼である。大國魂神社は、武蔵国の中心的な神社というわけだ。ちなみに、東京大神宮、靖国神社、日枝神社、明治神宮と並んで、東京の中の格式の高い神社として「東京五社」のひとつにもなっている。

さて、「武蔵国」とは何だろう。最近よく「ムサシ」というフレーズを耳にする。武蔵、ムサシ、六三四（ムサシ）……そう、東京スカイツリーの高さ（六三四メートル）だ。東京スカイツリーの高さにも採用された武蔵とは、東京の旧国名のことである。大化元年（六

武蔵国とその周辺の国々

武蔵国の郡（全21郡）

四五）からの大化の改新により始まる律令国家の行政区分である律令国のひとつで、現在の東京、埼玉・神奈川の一部が範囲となる。東京スカイツリーからはこの武蔵国が一望できる。その風景の中心とも言える武蔵国の中心、その場所が、都心から遠く西に離れた府中なのである。

第四章は、国分寺・府中が舞台である。府中が政治の中心であったのに対し、国分寺には武蔵国の宗教的中心である武蔵国分寺があった。古代東京の中心であり、そのいにしえの記憶が基盤となり地域が形成されている、それが国分寺・府中なのである。

二つの崖線に湧水と三つの河川

それではまず、地形から見ていくことにしよう。

これまでの中野・杉並と比べてみると、国分寺・府中の地形は、だいぶ単純な形をしている。中野・杉並が中小河川によるひだ状の複雑な地形になっているのに対し、国分寺・府中は二つの河岸段丘（かがんだんきゅう）を持つひな壇状のダイナミックな地形となっている。これは長い歴史の中、多摩川の流路の変化によって形成されたものだ。一番下から多摩川周辺の沖積（ちゅうせき）低地、そこから一段上がった段丘が立川段丘、さらに上の段丘が武蔵野段丘である。それぞれの段丘の縁を行く崖の連なりは、府中崖線（がいせん）、国分寺崖線と呼ばれている。かわって多摩川より南の地を見てみると、平地が乏しく、急斜面ばかりの丘陵地が広がっており、人が暮らすには適さない地形となり、国分寺・府中がいかに恵まれた地形であるかが理解できる。

さて、国府はなぜ、この地に置かれたのだろうか。

やはり、地形の存在は大きいだろう。天然の防衛線ともなる多摩川は、政治的・軍事的な拠点を考えるうえで、ぜひとも味方にしたい河川である。今日までの歴史を見ても、多摩川は合戦の舞台として登場してくる。しかしその多摩川は、時に氾濫を起こす。洪水から身を守り、なおかつ東西南北に土地が開かれた立川段丘という大地は、国府の立地としてうってつけというわけだ。

暮らしの水としての崖下の湧水の存在も忘れてはいけない。また、多摩川は防衛だけでなく、水運としての利用にも価値があった。

さらに、埼玉県秩父市を支配していた知々夫国造など、新たな拠点の誕生には、武蔵国地域内に存在していた有力豪族との距離間も大事な要素であったはずだ。国府成立後、武蔵国分寺が国府からほど近い国分寺崖線下という、こちらも恵まれた環境を結果的に獲得できたことを考えても、府中の地は格好の場所だったと言える。

続いて水について整理してみよう。

国分寺・府中には、南から、多摩川、湧水を源泉とする国分寺崖線沿いを流れる野川、武蔵野段丘面を東西へと流れる近世期の人工的な水路である玉川上水という三つの水の流れがある。

この三者三様の水によって、三つの段それぞれの集落は、水の流れ同様それぞれ独自の集落構造を持つこととなる。

また、二つの崖線沿いには、多くの湧水が存在する。この水は、先史時代から暮らしの水として使用されてきた。二つの崖線上にそれぞれ分布する多くの縄文遺跡が、その

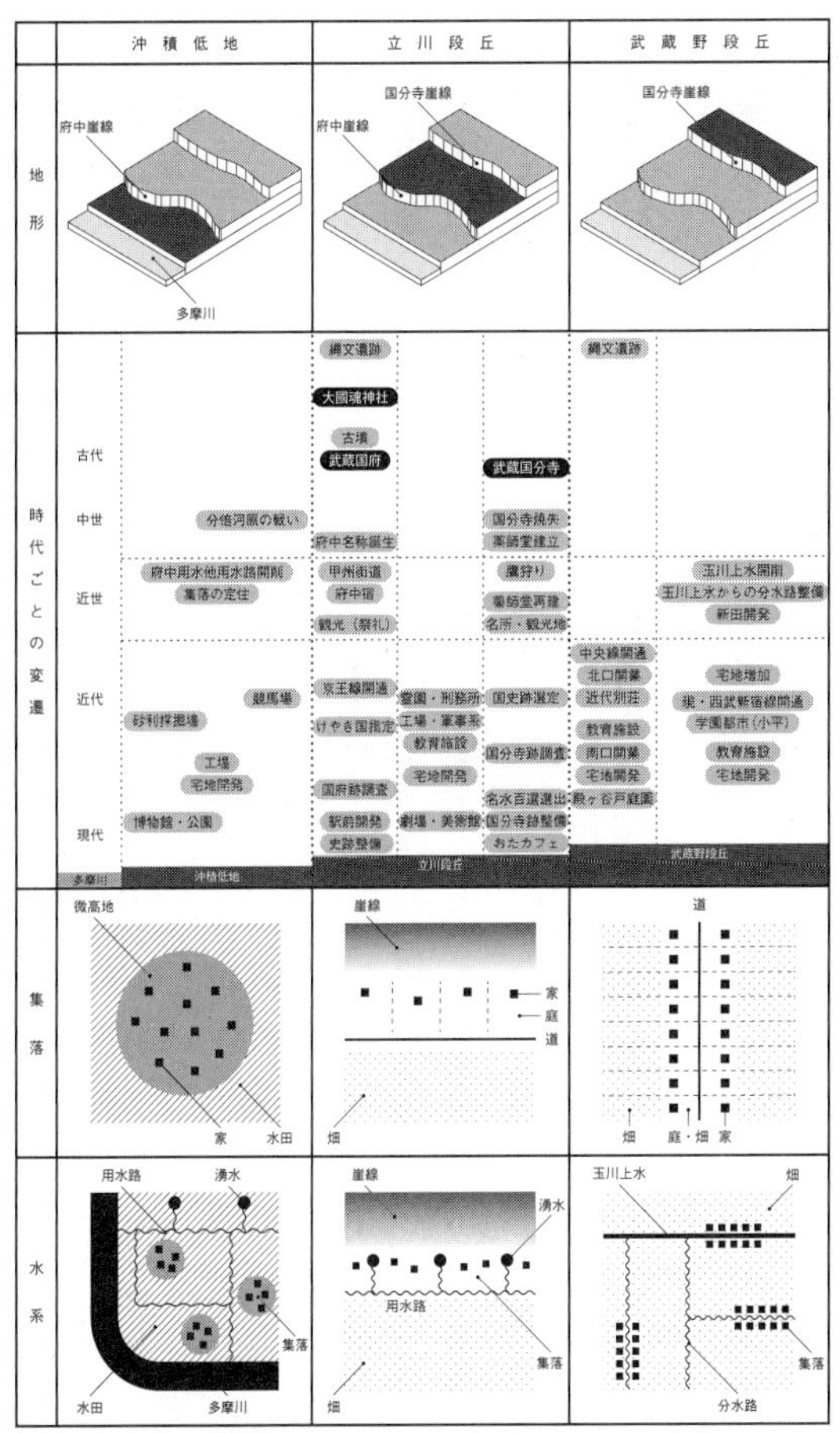

国分寺・府中の地域構造の変遷と特徴

証拠だ。特に湧水の豊富な国分寺崖線は、まさに遺跡の宝庫である。

その後、崖線より南の地には今日にも受け継がれている農風景が誕生する。境内に湧水を持つ貫井神社のように、その風景の中には必ずと言っていいほど水と結びついた神社が登場する。二つの湧水と三つの河川によって、地域はそれぞれの個性を獲得してきたのだ。

本章では、国分寺・府中に生き続ける古代を中心とした歴史の重なりを巡ってみたい。地形・水・遺跡・古道などに、空間・時間に密接に関係する「祭」というキーワードを加えて地域を読み解いていく。二〇〇〇年近くも地域を守り続けるとされる神社、今もかつての国をひとつの文化圏とし行われる祭、古代の官道を無邪気に行き交う小学生など、古代から現代までの時間と空間、形あるものとないものが有機的につながりつくられている地域の姿を探ってみようと思う。

大國魂神社の起源とその立地を探る

まず、京王線府中駅からスタートする。

新宿から八王子・高尾へ向かう京王線と中央線には、実は深い関係がある。中央線と対照的に、曲線を描きながら走る京王線には、一緒に走る相棒がいる。甲州街道だ。中央線も当初、新宿から甲州街道のルートが検討されていた。京王線（旧・京王電気軌道）は、大正二年（一九一三）に笹塚―調布間、四年に新宿、五年に府中までが開通し、人の移動は街道から鉄道へと置き換わっていった。

府中駅を後にし、「馬場大門けやき並木」の通りへ出よう。通りを若者が歩く光景は、どこか原宿・表参道に似ている。南北に約六〇〇メートル、約一五〇本のけやきが並ぶこの道もまた、神社の参道である。表参道が明治神宮の参道であるように、こちらは大國魂神社の参道にあたる。なお、平安時代に源頼義・義家が苗木千本を寄付したことが

馬場大門けやき並木

大國魂神社の参道

並木の起源とされている。

府中は湧水が豊富なため、良馬の生産地としても有名で、武蔵国内より良馬が集められ、馬市が開かれていた。徳川家康も府中にて馬を仕入れ、その馬で関ヶ原の戦いなどに勝利、けやき並木の両側に馬場を献納し、けやきを補植している。古代から馬は重要な存在であり、競馬場ができるはるか前から府中と馬には深い関係があったようだ。

旧甲州街道を渡れば大國魂神社となる。南へと一直線に参道が伸び、途中、歴史館・図書館があったり、境内を駆け回る子どもや散歩する老夫婦がいたりと、重厚な歴史による厳粛な雰囲気というよりは、気軽に立ち寄れる公園のような親しみやすさがある。

随神門を抜けると拝殿・本殿だが、何か違和感がある……そういえば、北を向いている。道のりもフラットな地形だ。神社と言えば、小高い場所に位置し太陽の方角である南か東を向くのが一般的である。

境内の南を巡ってみたが、さらに謎が深まる。府中崖線の際、南に地形が突き出たところに位置し、高低差一〇メートルほどの緩やかな崖は、まさに典型的な地形であり、神社としてはこれ以上ない立地だ。もし南向きならば、神社からは深く流れる多摩川に連なる青き多摩の丘陵、広い空に輝く太陽といった美しき多摩の風景が見えたはずである。一体なぜ北を向いているのだろうか。

この疑問を解くため、直接神社に聞いてみた。そこには、壮大なスケールで「地域」

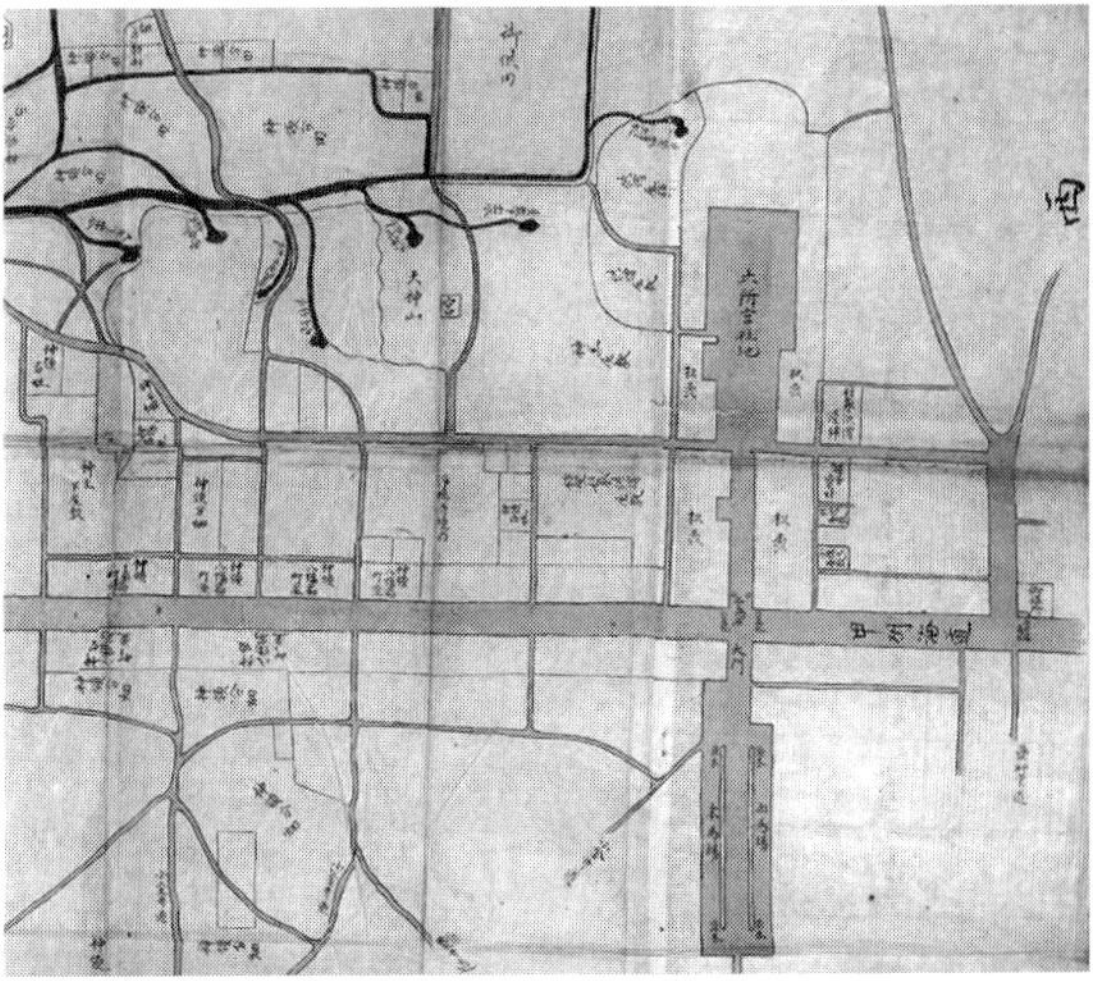

「武蔵国府中六所宮社領図」（府中市郷土の森博物館蔵）

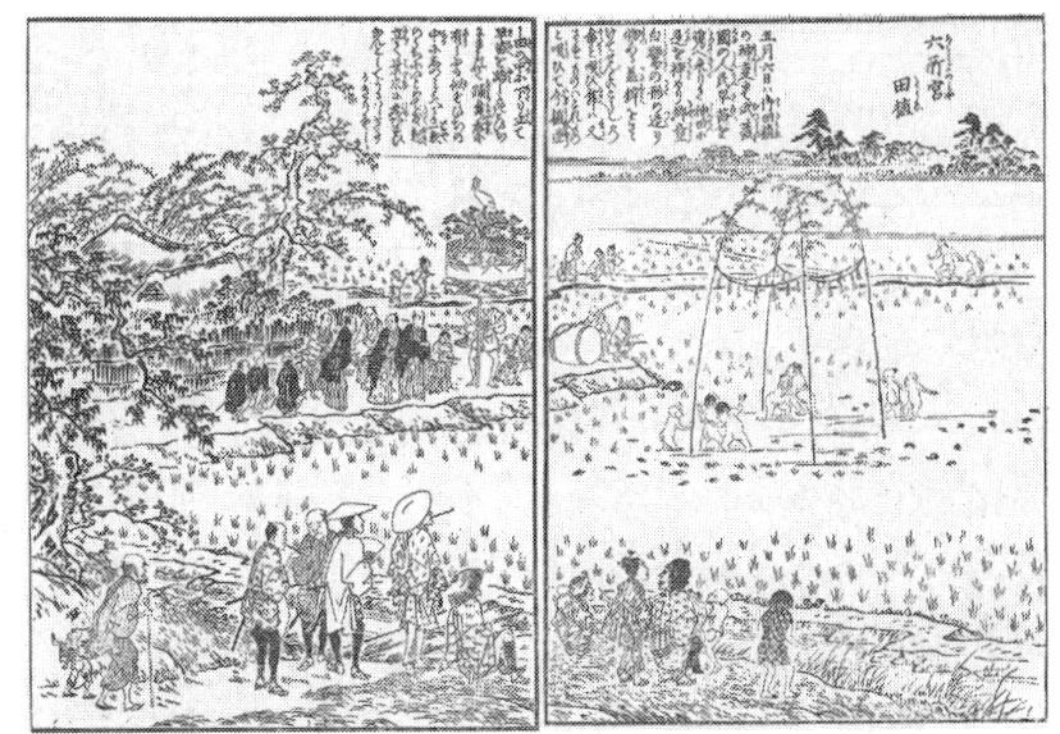

『江戸名所図会』六所宮田植

を捉える物語が存在していた。

時は永承六年（一〇五一）、杉並・大宮八幡宮の建立でも知られる源頼義は、朝廷の力が及びにくい東北地方を神の力でもって治めようと考え、なんと南向きであった社殿の向きを北へと改めたというのである。大國魂神社の存在の大きさはもちろん、東日本、いや日本全国を常に意識し、場所や地域を捉えるというその感覚には、ただただ言葉を失うばかりだ。

水も地形と同様に重要なキーワードである。歩いて探しても見つからなかったが、湧水の豊富さを伝えてくれる近世の絵図「武蔵国府中六社宮社領図」を発見した。これだけの神社だ、水と結びつかないわけがない。

絵図を見ると、崖線沿いに相当な清水が湧き出ていることがわかる。湧水が集まり、ひとつの小川となり、崖に沿って流れている。これらの水は、神社南東、現在の競馬場のあたりに広がっていた御供え物の米をつくる御供田の水として使用されていた。「くらやみ祭」の後、「御田植祭」という神事が行われ、その様子は『江戸名所図会』にも登場する。

道が集まり、繋がる府中の古道

崖線を下ると東京競馬場が見えてくる。もともと目黒に競馬場があったのだが、移転の話が持ち上がり、昭和八年（一九三三）、地元の協力や水の豊富さ、水質良好などの理由によって、数ある候補地の中から府中へと移転が決まった。

競馬場周辺を散策してみると、クネクネとした古道のような道や、数多くの神社や寺院と巡り会うことができる。

府中街道を南下し、競馬場を越えると是政（これまさ）村に入る。村といっても現在では市街化され、住宅が多く建っているが、府中街道から道を一本入れば、近世から続く道の構造がそのまま生き続いていることがわかる。

湾曲した道を進んでいくと、集落の中ほどで是政八幡神社と対面する。創建は天正十八年（一五九〇）と伝えられている。神社の周りには、公民館、ＪＡ、消防団に商店（酒・タバコ）など地域コミュニティの中心となるような施設が集まって並んでいる。

是政村の集落は、微地形を巧みに利用した、典型的な沖積低地の集落だ。微高地の上に神社を中心に民家が配置され、微妙な等高線の変化に合わせ道が巡り、その周りに用水路と水田が広がっている。ここには、安定的に暮らし始めた頃からの地域のコミュニティの形が、今でもしっかりと残っている。

驚くことに、競馬場は、こうした近世集落の場所を避け、スッポリと田んぼだった場所につくられているのである。近代になると多くの施設が国分寺・府中に誘致・創設さ

崖線沿いには競走馬の供養のための馬霊塔、崖上には日枝神社

湧水を持つ瀧神社

れるが、その多くはまちのはずれの雑木林だった場所に立地する。まちの中心に近く、しかも神社の下、近世集落に囲まれる形での立地は、競馬場がいかに府中にとって重要なものであったかを物語っている。

さて、「くらやみ祭」には、けやき並木を六頭の馬が三往復する、「競馬式（こまくらべ）」という馬に関係する儀式がある。古代、国司が馬を朝廷に献上するため、神社前の並木道である馬場で検閲した。この行事を伝えるための儀式だ。馬は、昔は馬を飼う家から出されていたが、今は競馬場から提供を受けている。伝統的な地域の祭と近代的な娯楽施設が、こういった形でも関係をつくり出しているのだ。

競馬場の東、崖線沿いを歩いていると、古道を発見した。「いききの道」だ。多摩川を使い、木材を奥多摩から東京湾へ運んでいた筏師（いかだし）たちが行き来した道で、甲州街道以前の古道らしい。道沿いを行くと崖線に寄り添うようにやはり神社がある。瀧（たき）神社だ、

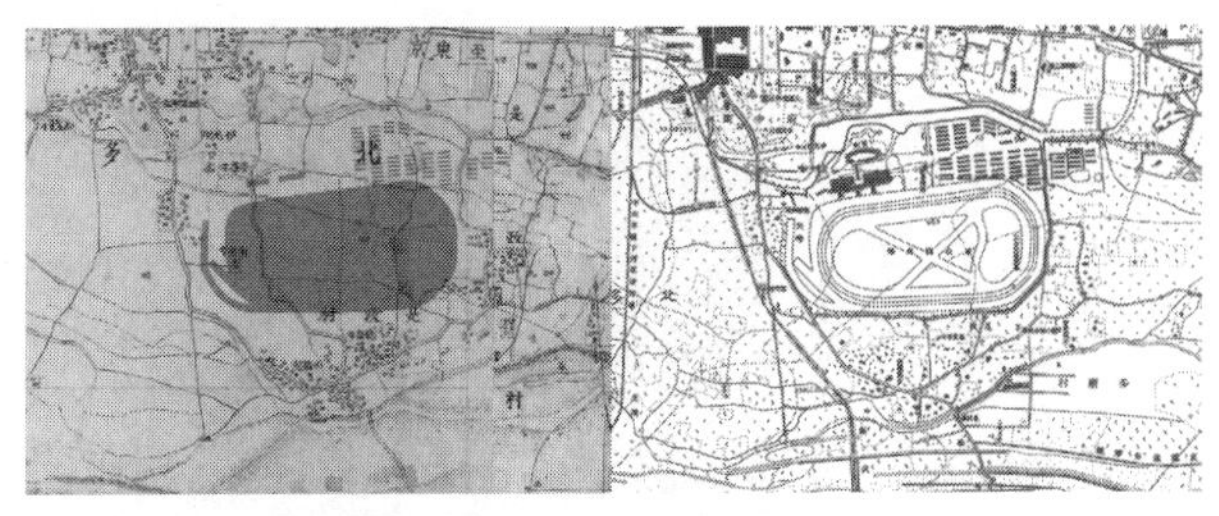

東京競馬場周辺の変遷（左：明治17年「明治前期測量2万分1フランス式彩色地図」［東京競馬場を加筆］／右：昭和15年「1万分の1地形図　府中　昭和15年測量」）

しかも湧水もある。先ほどの「競馬式」前に、神人・神馬がここの湧水を使用し、身体を清めるのだ。競馬場近くだからか、武豊（たけゆたか）など騎手の色紙が奉納されている。

府中は甲州街道で江戸と結ばれる以前より、「いききの道」によって大井と、崖の上を走る「品川街道」によって品川と結ばれていた。特に品川とは深いつながりがある。

「くらやみ祭」は四月三十日の「潮盛り」という神事から始まる。品川へ向かい、船に乗り品川沖へ出て身を清め、潮水を汲み、品川・荏原神社へ参拝し、府中に戻る。持ち帰った水は禊（みそぎ）用の水となる。昔は「品川街道」を歩いたとされるが、現在は伝統を時代に適応させたのか、車に乗り高速道路を行くようだ。武蔵国の時代より品川は、国府の外港（国府津）であったとされる説もあるほど、府中と関わりがある。

つながりは品川だけではない。ここで「古道」に注

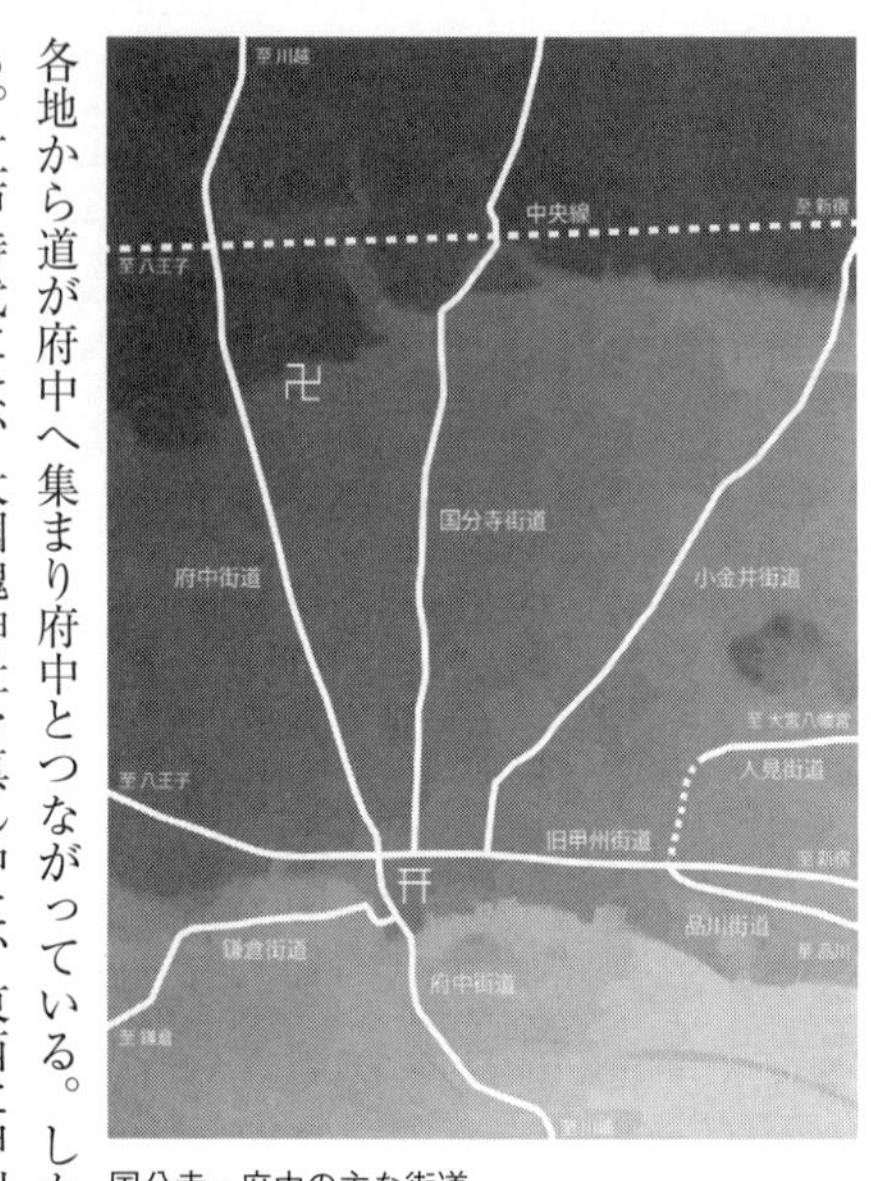

国分寺・府中の主な街道

目して地図を見ると、やはり国の中心、なんと四方八方から府中へと街道が集まっていることがわかる。起源を特定することは難しいが、中世にはすでに存在していた道も多い。北から、川越へ向かう府中街道、国分寺街道、小金井街道、大宮八幡宮へと続く人見街道、甲州街道、川崎へ向かう府中街道、鎌倉街道など、各地から道が府中へ集まり府中とつながっている。しかもその中心には大國魂神社がある。江戸時代には、大國魂神社を真ん中に、東西に甲州街道の宿場・府中宿（本町・番場・新宿の三町で構成）が置かれていた。現代の姿からひとつひとつ歴史をはいでいくことによって、現代に生き続ける府中の古代の遺伝子が浮かび上がってくる。その遺伝子には、中心の二文字が刻まれている。

府中競馬正門前駅から西へ進む。このあたりは、京所と呼ばれており、大國魂神社と関わりのある人たちが暮らしている。

大國魂神社に戻ると、神社脇の敷地に列柱を発見、「武蔵国府跡（国衙地区）」とある。この場所のほか、御殿地、高安寺、高倉台の四カ所が、これまで国衙の候補とされていた。そして、近年の発掘の成果により、国府の中の中心的な施設群である国衙が大國魂神社周辺にあったことが確実となったのだ。この柱は発掘された大型建造物の柱の部分を復元したものである。

国府の中枢機関である国衙の跡が見つかった「武蔵国府跡」

国府の範囲は、大國魂神社を中心に、崖線に沿って東西約六・五キロメートル、南北最大一・八キロメートルに及ぶ。崖線沿いは湧水を使用していたとされている。一方、北部からは井戸が見つかっており、井戸から水を得られたため、北へ拡大できたようだ。

調査も進み、新たな発見もあるが、まだまだ謎が多く、国府のまちの様相はベールに包まれている。だが、この地が確かに中心であったことに偽りはない。ここがそんな古代国家の中心であったと思いを

『江戸名所図会』六所宮祭礼之図

馳せながら歩いてみると、景色もまた変わって見えてくるだろう。

伝統を守りながらも常に進化し続ける祭

大國魂神社は、武蔵国内の六つの神社を奉祀していることから、祭のメインである「おいで」では、一ノ宮・二ノ宮・三ノ宮……と名がつく六基の神輿と六張の太鼓が登場する。神輿や太鼓の御社は、秩父神社（四ノ宮・秩父市）、杉山神社（六ノ宮・横浜市）など、府中以外の各地にある。府中四カ町（大國魂神社周辺の地区）の住民が、この六基の神輿や太鼓を受け持っている。

しかし祭を支えているのは府中四カ町だけではない。府中四カ町の住民を町内、それ以外の町会や府中市外の人たちを講中と呼び区別するが、数は講中のほうが圧倒的に多い。府中宿の時代は、宿や遊び場が多くあったことも各地の講中が集まるきっかけとなった。

六基の神輿のほかに、大國魂神社が御社の御本社神輿と御霊宮神輿がある。御霊宮神輿は別名女神輿とも呼ばれ、祇園祭の八坂神社の神輿に似た唐破風造りだ。他の七つの神輿は旧甲州街道を通るが、この神輿だけは、大國魂神社から西へ向かい、府中街道を

「くらやみ祭・おいで」の大國魂神社から御旅所までの神輿のルート

御旅所へと入る神輿

通り、御旅所へ向かう。御霊宮神輿だけ他のルートを通る理由は、「くらやみ祭」とは別の祭事が一緒になったためではないかと言われている。その祭事とは「御霊祭」と呼ばれる、桓武天皇の時代に全国の国府で行われた疫病除けの儀式である。この時代に祇園会（現在の祇園祭）も始まったそうで、御霊宮神輿が唐破風造りであることも何かつながりがありそうだ。神輿のルートも、かつての祭事のルートの名残りではないかと言われている。

旧甲州街道と府中街道との交差点にある、御旅所へ行ってみよう。御旅所の柵内には、江戸時代の高札場が残っていて、この交差点は江戸時代以前の時代から街道が交わる場所として、人の往来が激しく賑やかな場所だった。さらに昔は、樹齢八〇〇年とされるケヤキがある矢島稲荷に御旅所があり、甲州街道の賑わいによって現在の場所に移されたと言われている。

御旅所の向かいには、万延元年（一八六〇）創業の「酒座　中久酒店」（野口酒造店）が建つ。見るからに古そうな土蔵は創業当時の酒蔵をそのまま使用している。大國魂神社の御神酒「國府鶴」をつくっている酒屋だ。やはり古道が交わる交差点は歴史的なポテンシャルが高い。店内には喫茶店やギャラリーもあり、現在も地元の人たちが集う場所となっている。

実は祭りの神事のひとつにここの先祖を主役とした「野口仮屋の儀」がある。「国造代奉幣式」の後、主人である野口氏により宮司や神職一同が野口仮屋にて接待を受けるというもので、大國魂大神が府中に降臨した際に、野口家が宿を提供した様子を再現している。

これまで見てきたように、「くらやみ祭」は、場所と密接に絡み合い、さまざまな神事が行われる、まさにまちを舞台とした催し物である。祭で行われる神事は、古代からの伝統を守るひとつの形である。しかし、祭の形すべてが昔から同じというわけではない。

御旅所と通りの向こうには野口酒造店が見える

実は、「くらやみ祭」は、その時代時代に合わせて変化しているのである。例えば、年々派手になる町会を中心とした山車（だし）や太鼓は、近代以降に生まれたものである。しかも、数年単位で少しずつルートも変わっている。「くらやみ祭」の本質を理解しながら、守るべきものと新たに取り入れるものがあるからこそ、今日においても多くの人々の心を引きつけているのではないだろうか。

さらにこの祭が魅力的なのは、通常の祭と異なり、まちの各所で神輿や太鼓、山車、神事などさまざまなイベントが同時多発的に行われることである。地元の人でもすべてを把握している人はなかなかいないらしい。太鼓のルートもバラバラで、あっちで雄叫びが上がったと思ったら、こっちでまた始まる。そのため、すべてを観ることは困難だ。それぞれが自分の好みに合わせて、祭を楽しむのである。現代的に言えば、このフェスっぽさを兼ね備えた祭のスタイルが、また来年も……と思わせるのかもしれない。

西へ向かえば、そこにはさらなる古墳の世界

御旅所から西へ行くと、古い木造建築や蔵がちらほら、街道から伸びる道の奥には、寛喜二年（一二三〇）創建とされる長福寺などの寺院が立地している。特に街道南側の寺院は、崖線の際にあり、眼下に崖線沿いを走る南武線の姿を見ることができる。

街道を行くと、目の前を何台もの自転車が行き交う道と遭遇した。ここは、明治四十三年（一九一〇）国分寺〜下河原間に開通した、多摩川の砂利運搬が目的の府中最初の鉄道、東京砂利鉄道の廃線跡（昭和五十一年廃線）で、現在は多摩川近くまで続くサイクリングロードとなっている。

南へ歩いていくと小さな祠を発見した。坪宮（つぼのみや）という小さな神社だが、実はここで「く

らやみ祭」の「国造代奉幣式」が行われている。五月五日夜、神輿とほぼ同時に随神門を出発した馬に乗った神職らが、坪宮にて国造（国府ができる以前の支配者）に祭の開始を伝える「国造代奉幣式」を行い、国造の代理として御旅所へ向かう。姿は小さいが、国造の霊を祭る立派な社だ。

街道に戻ると、平安時代創建で足利尊氏ゆかりの高安寺がある。崖上に立地のため、戦のときには戦国武将の本陣が置かれた。寺院内には数々の歴史的建造物が現存し、崖の下には義経・弁慶の伝説に関係する古井戸跡もある。近世の府中宿は、このあたりま

旧甲州街道沿いの古い建物

東京砂利鉄道の廃線跡を利用したサイクリングロード

小さな姿ながら国造の霊を祀る坪宮

神社の裏にたたずむ「武蔵府中熊野神社古墳」

でである。

　さらに西へ行くと、古墳の世界が待っている。旧甲州街道沿いにある熊野神社の後ろに、何やら怪しい石造の物体が見える。どうやら古墳らしい。神社の裏手、幼稚園、住宅に囲まれた古墳の姿はなんとも異様だ。この「武蔵府中熊野神社古墳」は、七世紀中ごろの上円下方墳と呼ばれる珍しい形の古墳で、この地域の有力者のものではないかと思われる。

　熊野神社の創建は江戸時代初期とされている。重なり合う古墳と神社から、この場所がいかに地域において重要なところであるかがわかる。今、目の前に見える、参道の軸線上に並んだ神社と古墳の姿は、まさに時代を超えて生き続ける、場所の姿そのものである。

南武線西府駅周辺には「市史跡御嶽塚」を含む六〜七世紀初め頃の古墳が存在し、隣の分倍河原駅周辺にも「高倉古墳群」と呼ばれている古墳群がある。

住宅街に突如出現する「高倉塚古墳」

その中でも住宅地の中、突如登場する「市史跡高倉塚古墳」には驚かされる。このかわいらしい小山も、立派な歴史の証言者である。これらはすべて崖上に立地し、国府誕生前夜の時代のものだ。

坪宮も府中の西にあり、この西の地域には、国府誕生以前の地域の姿を伝える記憶があちこちに眠っている。ちなみに、昭和の初め頃まで、西の宿場町と東の京所は特に仲が悪かったようで、喧嘩になり、互いの神輿を壊していたという話もある。大國魂神社を軸に、西と東ではやはり歴史や文化に地域性など、それぞれ色があるようだ。

府中崖線に沿って流れる「下の川」と湧水

空白を埋めていく近代の思想

西府駅周辺を散策していると、府中用水谷保分水系で、隣の谷保(やぼ)村の谷保天満宮の湧水などを源泉とする用水、通称「下の川」沿いで、ついに府中崖線から湧き出る清水を見つけた。用水沿いは親水性も高く、紅葉が咲き誇る秋の景色の中の散策は、気持ちよさそうだ。

西府駅から電車に乗り、次なる目的地の武蔵国分寺を目指し西国分寺駅へ向かう。南武線は、府中崖線に沿う形で府中本町へ向かい、その後多摩川を越え、川崎まで走る。もともとは砂利を運ぶためにつくられた鉄道で、当初は多摩川砂利鉄道という名であったが、すぐに南武鉄道となった。川崎の工場に青梅の石灰岩を運ぶため、立川から直接川崎へ向かいたいと考えていた日本最初のセメント工場、浅野セメントの後ろ盾もあり、昭和二年（一九二七）に川崎—登戸間、昭和四年（一九二九）に川崎—立川間が全線開通した。

今日では、国分寺・府中には多くの鉄道が走り、人を運んでいるが、かつてはそのほとんどが多摩川の砂利運搬が目的の鉄道だった。先ほど歩いたサイクリングロードの東京砂利鉄道もそうであるが、是政駅から中央線武蔵境駅を結ぶ西武多摩川線（旧・多摩鉄道）も、多摩川の砂利を中央線経由にて都心へと運ぶための鉄道であった。

よく地図を見ると、国分寺・府中を南北に走る鉄道は、中央線から派生し、等高線を切断するように多摩川を目指し通っている。中央線を軸とした葉脈のようにも見てとれ

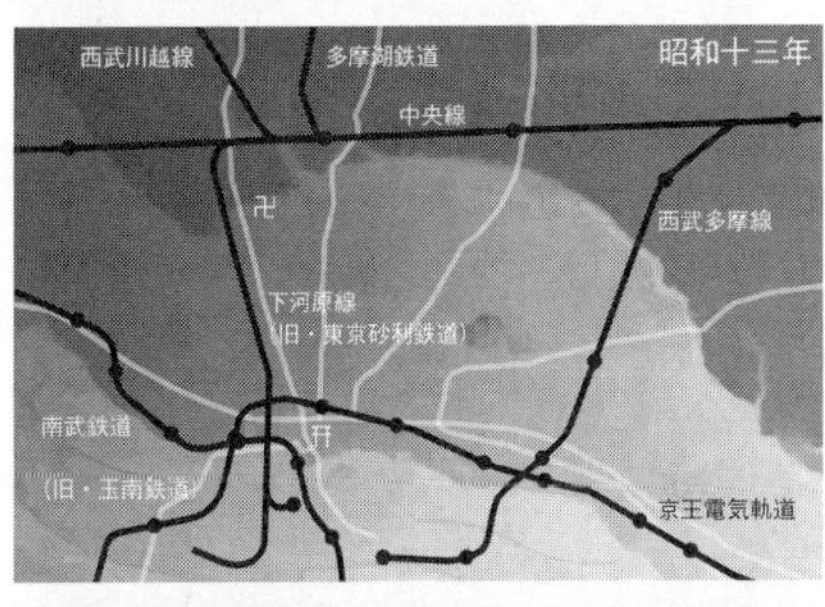

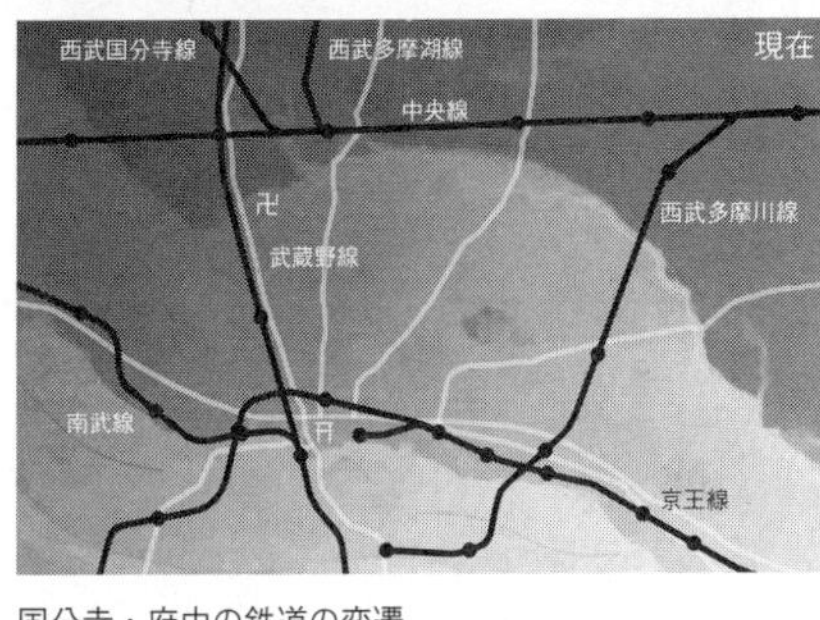

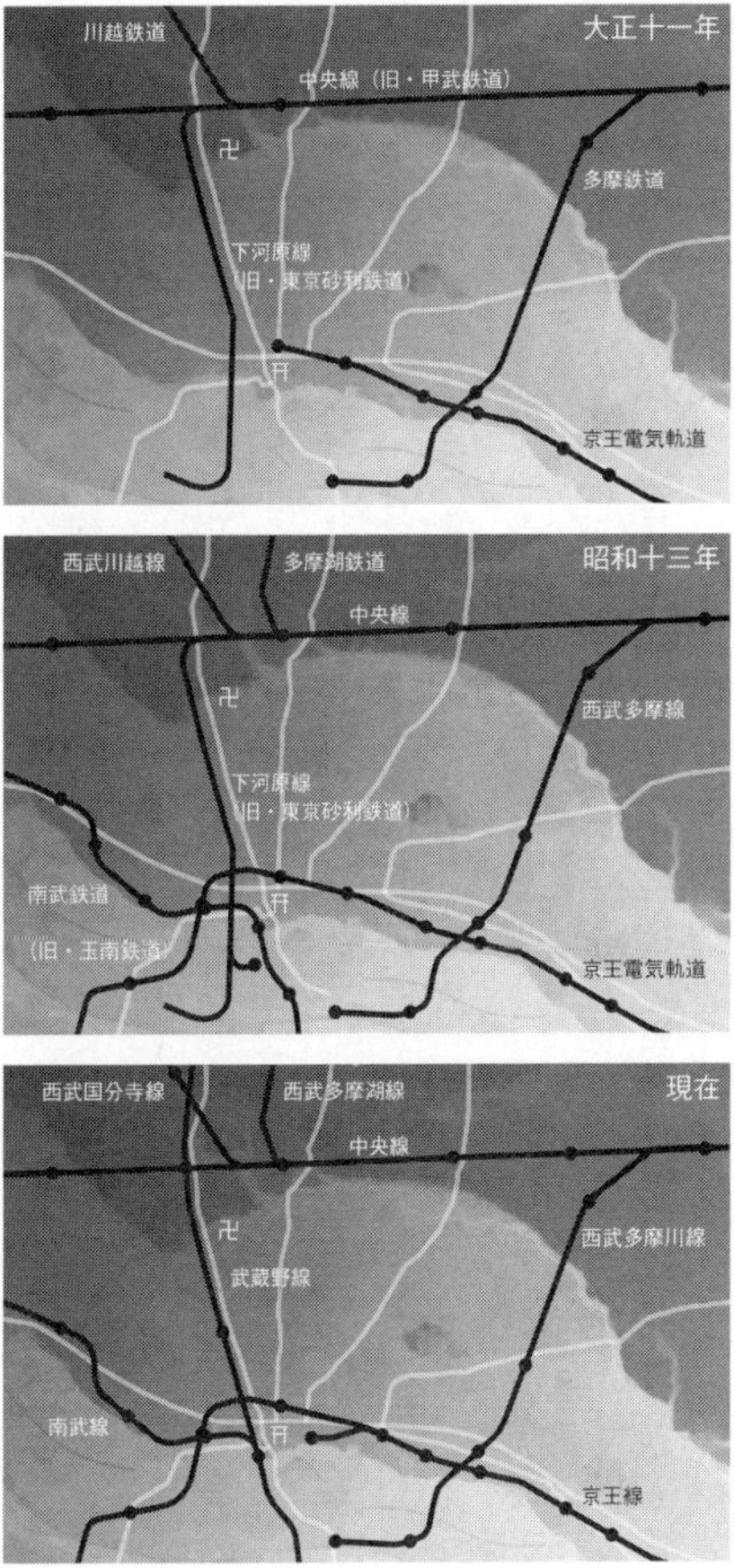

国分寺・府中の鉄道の変遷

る。なるほど、こうしてだんだんと鉄道を軸とした近代の構造へと変化していったのだ。

産業的な構造は、やがて観光的なものへと姿を変えていく。砂利を運んでいた鉄道も、いつしか人を運ぶようになっていった。多摩川の河原にあった採掘場は、時代の変化に伴いその役目を終え、多摩川競艇場や府中郷土の森博物館など、鉄道によって運ばれてくる人々を迎え入れるレジャー・文化施設へと生まれ変わっていったのである。

府中本町で武蔵野線に乗り換える。窓の外を眺めていると府中を過ぎてから様子が変わる。北府中駅周辺は、何やら大きな施設が右に左に。しかも北府中駅を出るとすぐ、白い壁が連なる異様な風景が続く。

ここで地図を取り出してみる。明治中期の地図では、このあたり一帯は雑木林か畑で、遺跡も特に見つかっておらず、これまで利用されることはほとんどなかった土地だ。

だが、昭和初期の地図を見ると、あっと驚く。ついに時代の舞台として登場することになるのだ。しかも、巨大なものがドンドーンと、地図を埋めている。東芝府中工場（昭和十六年）、今は地名（日鋼町）だけが残る軍事関連の工場であった日本製鋼所武蔵製作所（昭和十六年）、あの三億円事件でも有名、先ほどの白い壁の正体の府中刑務所（昭和十年）、現在の東京農工大府中キャンパスである東京高等農林学校（昭和十年）、郊外型大規模霊園の多磨霊園（大正十一年）などが、ちょうど府中と国分寺の間あたりに東西に並んで立地している。

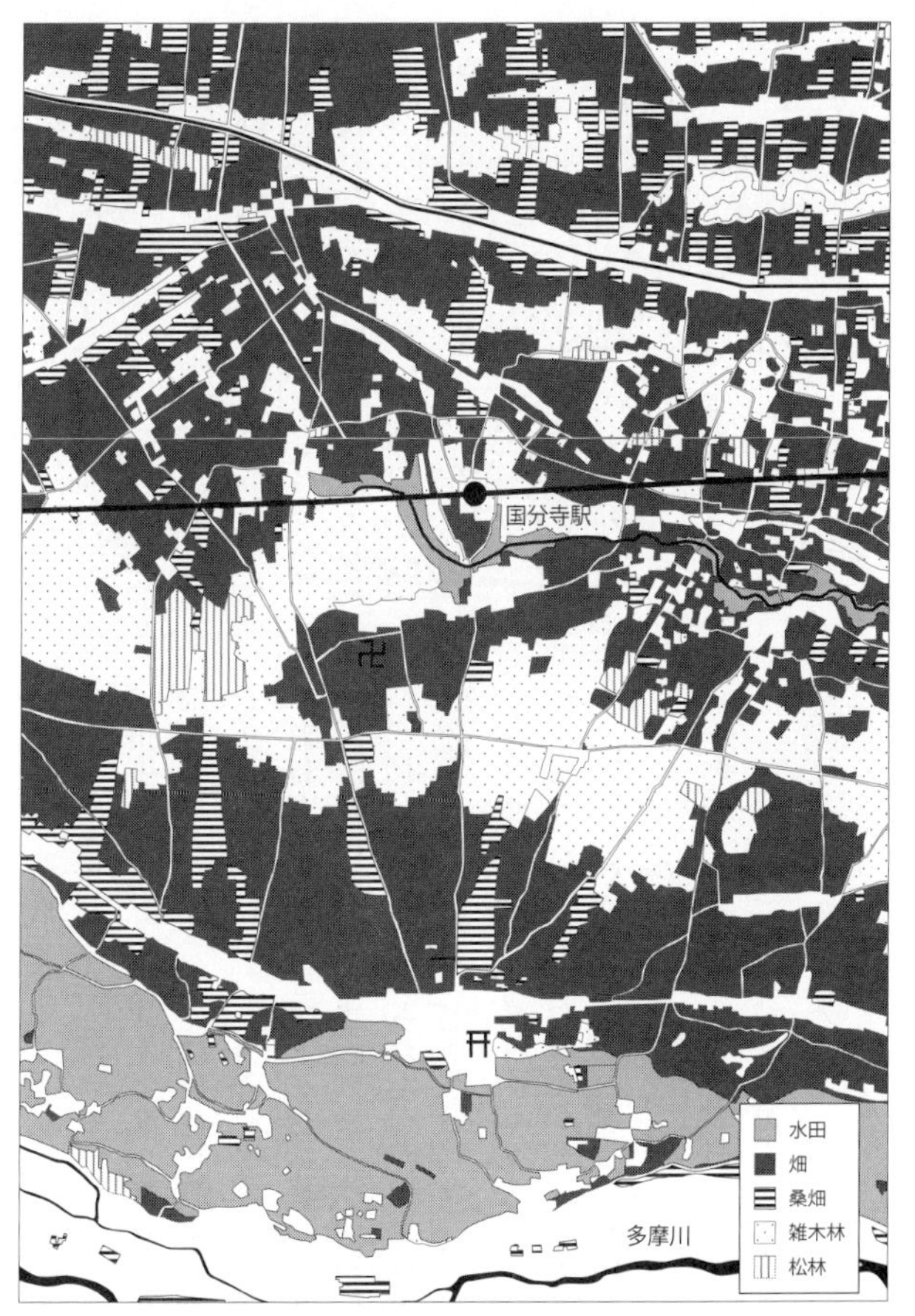

明治中期の国分寺・府中の土地利用

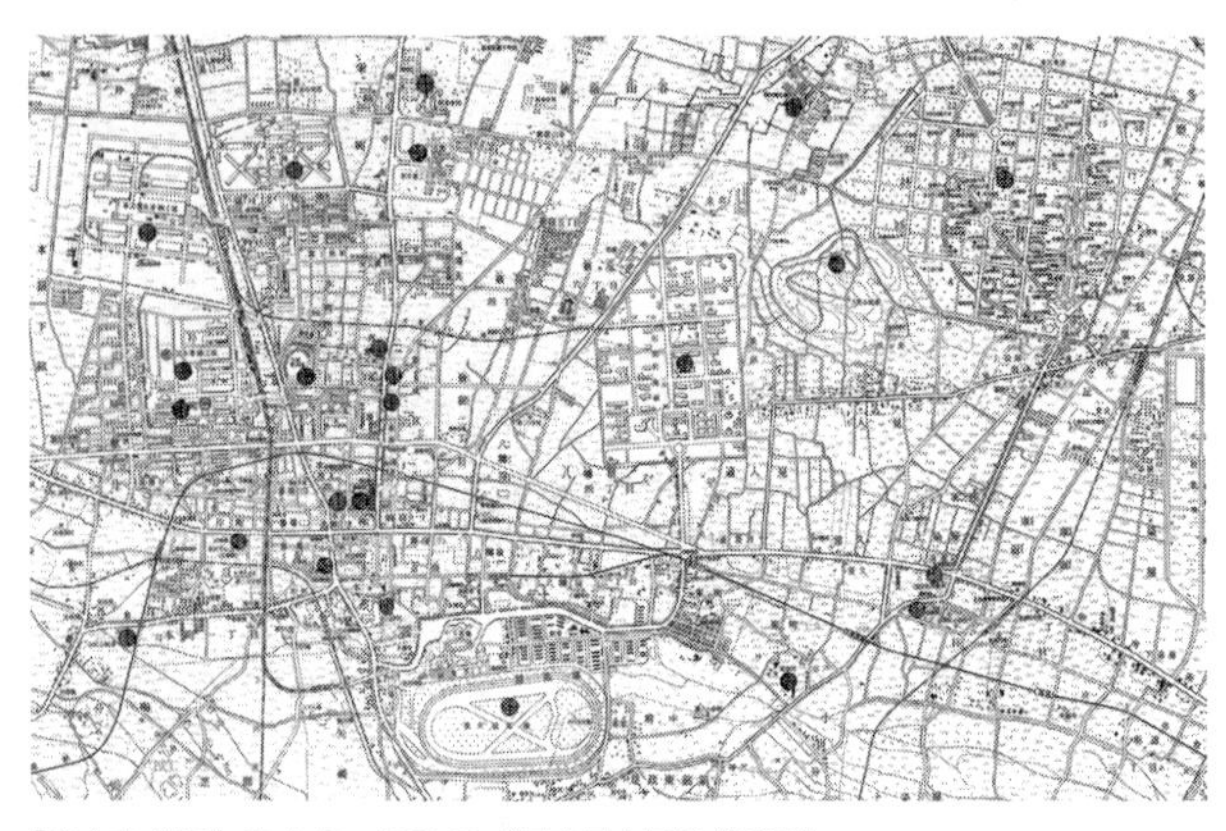

「府中市全図」府中市、1964.10（国立国会図書館所蔵）

ここで、近代の開発をよく見てみると、古代を彷彿とさせる姿が浮かび上がってくる。甲州街道から、まっすぐと北へ伸びる道が何本もつくられ、その先端に近代施設がそれぞれつくられている。国分寺・府中の地域に、これほどまっすぐな南北の道が出現するのは、古代国家による国土建設以来ではないだろうか。しかも南北に通された道の両側には工場で働く人々などの住宅地が形成され、さらに住宅地の開発は国分寺・府中の空白部分を埋めるように広がりを見せていく。その影響力は、東芝町や日鋼町などの地名にもなるほどだ。

その中でも軍事の力は、やはり強い。それは、前近代までの地域構造の中にどのように介入してきたのかでわかる。

現在では公園や文化施設となっている府中

の森公園と航空自衛隊府中基地は、もともと陸軍燃料廠（昭和十五年）であった。その他の近代施設がもともとの街道などを避け、古道に接するようにつくられているのに対し、陸軍燃料廠は、人見街道のまさにその上に立地したのである。街道が消滅、分断されてしまったのだ。

陸軍燃料廠からは、他同様甲州街道に向かいまっすぐと道が伸びるのだが、それは、東府中駅へとつながる東京競馬場のメインストリートと、実はつながるのである。古代から続く濃密な構造を持つ府中駅周辺ではなく、ひとつ隣の東府中駅の地に、近代の新たな玄関口はつくられていく。前近代と近代の構造がうまく絡み合い、棲み分けを行いながら地域が発展している姿がここにある。

国分寺崖線を下り、武蔵国分寺に

北府中駅を出るといよいよ西国分寺駅に着く。もうひとつの古代を目指そう。まずは旧中央鉄道学園だった都立武蔵国分寺公園へ向かう。公園に近づくといきなり歩道が広くなった。南北にまっすぐに走る道、車道よりも歩道のほうが広く、何かを示すような黄色い舗装、となんとも違和感だらけの道である。

南へと歩いていると案内板を見つけた。「東山道武蔵路跡」とある。この道は、先ほ

国府と平城京を結ぶ「東山道武蔵路跡」

記憶の継承と広場の機能を兼ね備えた「市立歴史公園東山道武蔵路跡」

どまでの武蔵国府と奈良・平城京を結ぶ幅一〇〜一二メートルの古代の官道だ。偉大な建築家ル・コルビュジエが言った「曲がった道はロバの道、まっすぐな道は人間の道」という言葉を思い出す。地形に関係なくまっすぐなその姿は、まさに国家の力によって生み出された道の姿である。

東山道とは、大化元年（六四五）の大化の改新からの行政区分である五畿七道のひとつである。都周辺を畿内、その他全国を七つに分け、同名の官道を整備し都と結んだ。その下に国がつくられ、官道沿いに国府が置かれた。この東山道武蔵路は、東山道の本道と武蔵国府を結ぶ支道なのである。

黄色の舗装は、発掘された道路の側溝らしい。道路の広さも南北を貫く軸も古代と同じ、ここに古代の最重要道路が蘇ったのだ。

学校帰りの子どもたちに会ったので、この道について聞いてみた。「知らな〜い」と返されてしまった。「古代の道を歩いているんだよ」と伝えてもぽかんとした様子、……仕方ない。

子どもたちと別れ、南へ進むと広場を発見した。グネグネした道や不定形な形、もしやと思い地図を見るとさっきの歩道の延長線上にある。この広場「市立歴史公園東山道武蔵路跡」には、崖上から眺める武蔵国分寺、その奥に国府、といった当時の東山道武蔵路上、この場所から見えていた風景のイメージ図も設置されている。

東山道武蔵路は、律令制の衰退とともに廃道となるが、歴史は面白い。時代からは消えたが地面の中にはその記憶が刻まれていたのだ。そして、こうして再び人々の歩む道や暮らしの場となっていくのである。

南へ歩き国分寺崖線を下ると、武蔵国分寺だ。天平十三年（七四一）、聖武（しょうむ）天皇は国ごとに国分寺の建立を命じた。政治の中心は国府、国家仏教の中心は国分寺、という関係が生まれた。

崖線の上に、武蔵国分寺薬師堂が立地し、東に武蔵国分寺、南に「武蔵国分寺跡」がある。武蔵国分寺は、元弘三年（一三三三）に分倍河原の戦のときに焼失、その後新田義貞の寄進により薬師堂が建立、現在の武蔵国分寺は江戸時代にこの地に再建されたものだ。

本堂の裏手に回ってみると、湧水を見つけた。樹木の包容力といい、崖線が生み出す

『江戸名所図会』国分寺伽藍旧跡

自然環境とのつながりは、今も変わらないようだ。

「武蔵国分寺跡」を目指す前に、武蔵国分寺跡資料館へ行こう。ここには、創建当時の武蔵国分寺の復元模型がある。崖線が織りなす豊かな自然の足元に広がる巨大な寺院の姿が、その配置も含めて鑑賞できる。

さて、現在も発掘が続く現場を抜け、武蔵国分寺跡へ向かう。石碑はあるが、一見するとただの広場だ。そこで先ほど見た模型を思い出してみる。ここは金堂の前、北には国分寺崖線があり、南には中門、七重塔、さらに国府へと続く。模型にはなかったが、国府へ続く道はやはりここでも大國魂神社へとつながっていたのである。

国分寺は、四神相応（しじんそうおう）（青龍＝東に川、朱雀＝南に低湿地、白虎＝西に道路、玄武＝

北に丘陵）の思想などをもとに造営された。国府や東山道武蔵路との位置関係、交通の便、水害のリスク、豊富な清水、南へと開けた地形などを考慮すると、崖線を背にしたこの地以外考えられない。

十一世紀頃から武蔵国分寺は衰退に向かい、寺院の区画の一部は農村へと変容していった。今日の住宅や畑の中に武蔵国分寺跡がある風景は、実はすでに中世の頃からあった風景ともいえる。不思議にも、江戸時代の人も遺跡となったこの地に立ち、古代への浪漫を抱いていた。なお武蔵国分寺には僧寺と尼寺があり、ここは僧寺跡である。尼寺跡は、東山道武蔵路の西側に立地し、復元展示のある歴史公園となっている。

現在も発掘が続く「武蔵国分寺跡」

ではここで、武蔵国分寺をもっと知るために、近隣国の国分寺にお邪魔してみよう。

相鉄線海老名（えびな）駅を東に出ると、駅前にはビナウォークというショッピングセンターがある。国分寺駅とは少々趣が違うようだ。中庭では子ども連れの家族がくつろいでいるのだが、そこに突如として七重の塔が姿を現す。実際の三分の一の大きさではあるが、期待が膨らむ。

東へ向かい坂を上ると、大きく開けた芝生の広場が見える。ここが相模国分寺跡だ。広場を眺めると、数々の遺構が残され、ここでも地元の小学生が史跡を通学路にしている。

伽藍配置を見てみると、武蔵国分寺とは大きく違う。相模国分寺は、国分寺では非常に珍しい「法隆寺式伽藍配置」をとっている。全国でもここ相模国（現在の神奈川一帯）と下総国（現在の千葉、茨城、埼玉、東京にまたがる）の二国にしかない。

芝生の広場を東へ抜けると、何やら曲がりくねった小路が見つかる。何かと思い辿ってみると、どうやら古くは相模最古の運河であった逆川の跡だという。水環境の豊かさがうかがえる。相模国分寺の立地を見ると、東に丘陵地を背負い、西に相模川を臨む小高い丘の上にある。

一方、武蔵国の東、下総国の国分寺はちょうど台地の南端に位置している。こちらは国府と対になるよう、台地の上につくられている。

国分寺といっても、その環境はそれぞれ異なる。しかし、やはり国家事業、どの国分寺も、その土地土地の中でふさわしい自然環境を獲得できる場所が選ばれている。それにしても、湧水もあり、開けた土地もあり、と考えていくと、武蔵国分寺の立地は、非常に恵まれている。

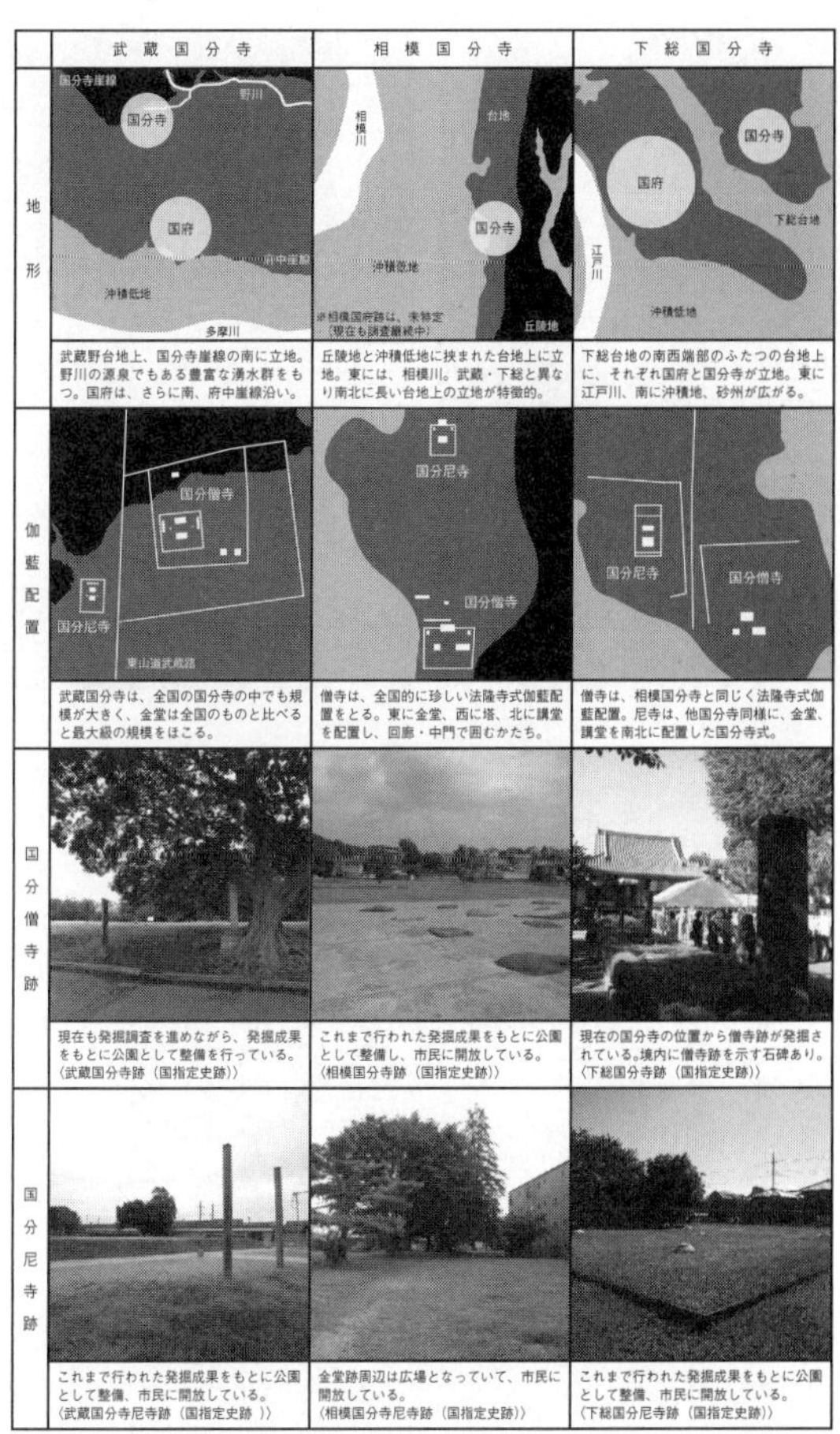

	武蔵国分寺	相模国分寺	下総国分寺
地形	武蔵野台地上、国分寺崖線の南に立地。野川の源泉でもある豊富な湧水群をもつ。国府は、さらに南、府中崖線沿い。	丘陵地と沖積低地に挟まれた台地上に立地。東には、相模川。武蔵・下総と異なり南北に長い台地上の立地が特徴的。	下総台地の南西端部のふたつの台地上に、それぞれ国府と国分寺が立地。東に江戸川、南に沖積地、砂州が広がる。
伽藍配置	武蔵国分寺は、全国の国分寺の中でも規模が大きく、金堂は全国のものと比べると最大級の規模をほこる。	僧寺は、全国的に珍しい法隆寺式伽藍配置をとる。東に金堂、西に塔、北に講堂を配置し、回廊・中門で囲むかたち。	僧寺は、相模国分寺と同じく法隆寺式伽藍配置。尼寺は、他国分寺同様に、金堂、講堂を南北に配置した国分寺式。
国分僧寺跡	現在も発掘調査を進めながら、発掘成果をもとに公園として整備を行っている。〈武蔵国分寺跡（国指定史跡）〉	これまで行われた発掘成果をもとに公園として整備し、市民に開放している。〈相模国分寺跡（国指定史跡）〉	現在の国分寺の位置から僧寺跡が発掘されている。境内に僧寺跡を示す石碑あり。〈下総国分寺跡（国指定史跡）〉
国分尼寺跡	これまで行われた発掘成果をもとに公園として整備、市民に開放している。〈武蔵国分寺尼寺跡（国指定史跡 ）〉	金堂跡周辺は広場となっていて、市民に開放している。〈相模国分寺尼寺跡（国指定史跡）〉	これまで行われた発掘成果をもとに公園として整備、市民に開放している。〈下総国分尼寺跡（国指定史跡）〉

武蔵国分寺とその周辺諸国の国分寺の比較

国分寺崖線の恵みである「真姿の池湧水群」　おたカフェ

本編に戻ろう。でもその前に、武蔵国分寺跡資料館前の「おたカフェ」でひと休み。

カフェという名前だが、「史跡の駅」として史跡地域の総合案内や休憩や懇談の場など、地域の魅力を発信する活動の拠点となっている。ランチやカフェのメニューが用意されており、まち歩きの疲れを癒すにはもってこいの場所だ。おすすめは地場野菜を多く用いたスープカレー。ルーは使わずスパイスで一から調理するこだわりの手づくりカレーで、おいしい野菜を堪能することができる。

休憩後は、国分寺村のお鷹の道を散策だ。崖線に沿う形で南向きの民家が東西に広がり並ぶ。現在も旧本多邸湧水、万葉植物園湧水など、いくつもの湧水源を見ることができる。なかでも「真姿の池湧水群」は全国名水百選にも選ばれ、水を汲みに来る人や子どものはしゃぐ姿などが見られる。崖線沿いには他にも湧水があり、生活用水として利用されていた。

途中、建築設計事務所が入る長屋門を見つけた。スタッフの方はなんとわれわれと同じ法政大学の建築の出身。こうした面白い使い方や人との出会いもまた、まち歩きの楽しみだ。

古代からの記憶が重なり合い、つくられる地域の姿

国分寺街道に出て崖線を上り北へ向かおう。崖上からは縄文遺跡が数多く発見されている。今では近代の住宅地が並ぶ。近世までは未利用地だった場所が、近代の開発の舞台だ。国分寺街道を進み、駅に続く道の途中、斜面地に佇む旧岩崎別邸の「殿ヶ谷戸庭園」も近代の産物のひとつだ。大正期の土地高騰ブームに乗り別荘誘致が行われた。「殿ヶ谷戸庭園」は、大正四年（一九一五）の旧満鉄副総裁の江口別邸が最初で、昭和四年（一九二九）に岩崎別邸となり、昭和五十一年（一九七六）に都立公園となった。崖上に建物が配置され、地形に沿って園路が通され、崖下の湧水を集め池がつくられている。

国分寺崖線沿いの自然を最大限活用した「殿ヶ谷戸庭園」（旧岩崎別邸）

年二回だが一般公開している庭園がもうひとつある。国分寺駅北西、中央線沿いの日立製作所中央研究所だ。大正七年（一九一八）今村別邸がつくられ、昭和十五年（一九四〇）に日立のものとなった。こちらも斜面をうまく利用した近代別荘地で、野川の源流である湧水を敷地内に持っている。

こうした湧水に近い場所はよいが、野川・国分寺崖線の上、武蔵野段丘は、湧水や河川から水を得るには非常に不利な環境であったため、長らく水が乏しい地域であった。承応二年（一六五三）頃に玉川兄弟により江戸の上水道として整備された玉川上水によって、この地は大きな変化を遂げることになる。

飲料および灌漑（かんがい）の目的で玉川上水から分水がつくられ、国分寺の北部を含む武蔵野一体の新田開発が行われたのだ。さらに玉川上水の水は野川にも流れ込み、野川の水量確保にも貢献していた。

新たにつくられた集落は、まっすぐに伸びる用水路や道を軸に、間口が均等に割られ、奥に長い短冊状の敷地となっている。

その中のひとつに、国分寺駅より北の地、本多新田という地域がある。ここは、駅より南、国分寺崖線沿いに位置する国分寺村の本多氏によって、近世期に開発された集落だ。

貫井村分水と一緒に走る連雀（れんじやく）通りに沿うように、短冊状の敷地が並ぶ。集落の真ん中には、集落誕生後、地域コミュニティの結束を図るため、本多八幡神社と祥應寺（しようおうじ）が置かれた。近世期の農家は、用水沿いに前庭、中ほどに民家、その裏に畑が広がっている、という空間構成となっている。

さて、駅へと戻ろう。国分寺駅は、中野、境（武蔵境）と並んで明治二十二年（一八八九）の甲武鉄道の開業時からある駅だ。今でこそ賑やかだが、開業時駅前には何もなかった。そもそも、最初は北口しかなかったのだ。南口ができるのは、昭和三十一年（一九五六）になってからのことである。

駅ができたことにより、北口駅前には商店が建ち並ぶ。一方南口は、そのほとんどを岩崎家が所有し、別荘などまだまだ自然の残る風景が広がっていた。

北口の商店街は、現在の大学通りにあたる通り沿いから始まる。この道は、国分寺街道へと接続し、国分寺村、府中刑務所を過ぎ、最初に歩いた大國魂神社参道のけやき並木へと続いている。やはり、歴史的な中心地へとつながる道から発展していったのだ。その後、駅から北へと伸びる道に商店が並ぶようになる。

今思えば、野川の源流となる湧水など、国分寺の重要な自然環境を壊すことなく、うまく中央線が通っていることに気づく。それにより、豊かな自然を生かした近代別荘文化も花開いたのだろう。

国分寺駅がこの場所につくられたことも偶然ではない。駅を出て、南へと進めば、そこにははるか古代の時代より形成されてきた地域があるのだから。地域は重なり合う歴史によって形成されているのだ。

本章では、古代東京の中心地である国分寺・府中を舞台に、「祭」の視点も加えながら、地域に生きる歴史の形を探ってみた。地形や神社、古道といったものはもちろん、「くらやみ祭」のように、「祭」なども場所の意味を知るための重要な要素となる。東京の西の地域には、実は都心よりもはるかに濃い歴史が存在しているのだ。そして、今ある地域の姿は、受け継がれるひとつひとつの記憶によって、つくられているのである。

中央線から離れてみると、そこには浪漫溢れる東京のいにしえの世界が広がっている。

第五章　日野

用水路を軸とした農村、宿場から鉄道中心のベッドタウンへ

文＝石渡雄士　写真＝鈴木知之

水の郷と呼ばれる日野は、湧水のある崖線、用水路が流れる沖積地に、農村や宿場が形成された。だから、日野台地上を通る中央線から離れて、沖積地へ向かって歩かなければ、近代以前の古層が重なる多摩地域らしい風景と出会えないのだ。地形と重ね合わせながら、湧水や用水路といった水循環の仕組みを見ていくと、水とともに生きてきたまちの歴史と人々の暮らしが浮かび上がってくる。

最終章では前章の国分寺・府中からさらに西へ進み、日野市内にある二つの駅、日野駅と豊田駅の周辺を歩いてみたい。

これまで訪ねた中野、高円寺、阿佐ヶ谷、国分寺・府中のエリアと、今回の日野とは地形の条件が大きく異なる。武蔵野台地を東西にまっすぐ走る中央線だが、立川駅を過ぎると、この台地から外れ、向きを南西に変えて多摩川を渡る。その多摩川の先にあるのが本章の主役、日野市にある二つのＪＲ駅である。日野駅の開設（当時は日野停車場）は、中央線の前身、甲武鉄道が開通した翌年の明治二十三年一月。豊田駅は、やや遅れ明治三十四年二月に開設（当時は豊田停車場）された。

多摩川と浅川

中央線の車窓から、日野市の市境を見つけるのはいとも簡単だ。新宿方面からだと多摩川、八王子方面からだと浅川が、市境を明確に示してくれるのだ。市街地が続く車窓からの眺めが、広い河川敷の風景に変わると、日野市はもうすぐだ。

甲武鉄道が開通した明治二十二年（一八八九）の新宿－八王子間を地図で眺めると、軌道は武蔵野台地を刻んで流れる中小河川をいくつもまたぐが、多摩川や浅川といった大きな川を通過するのは、この区間に限られるのがわかる。

用水路網へ水を供給する浅川のパノラマビュー

二つの川から豊富な水を取り入れ、今も日野市内には、用水路網が広がっている。初めて日野を歩き、驚かされるのは、市内のいたるところで目にする用水路だ。用水路の総延長は一一六キロメートルにも及び、都内最長の規模を誇る。戦後の急激な市街化や宅地化に伴う区画整理で、多くの用水路が失われたというから、中央線登場以前の時代には、現在では想像できないほどの用水路があったことだろう。

市内の用水路の歴史は古く、十世紀頃のものと思われる用水路も発掘されているが、その多くは江戸時代になってから掘削されたものである。市内一帯の水田化を可能にした用水路網は、「多摩の米蔵」と呼ばれるほどの豊かな農村地帯をつくりあげた。用水路は、米づくり以外にも、生活用水の確保のために大切に扱われてきた。

用水路を満たす水は、河川から取水するものだけではない。多くの湧水が、台地の段丘崖や、丘陵地の裾部で湧き、用水路へ水を注ぐ。古老たちの話では、急激な市街化が起こる前の、昭和三十年（一九五五）頃までは、台地や丘陵地のみに限らず、沖積地でも豊富な湧水があったという。日野の市民が、豊富な水と都内最長の用水路網があるこのまちを、「水の郷日野」と誇らしげに呼ぶのもうなずける。

「水の郷日野」

多摩川と浅川は、ともに市内を西から東へ向かい、東部で合流する。市の北側を流れる多摩川は、山梨県塩山市三ノ瀬地先の笠取山を水源とし、東京湾へと注ぐ一級河川。日野はその中流域に位置する。南側を流れる浅川は、多摩川水系のひとつで、八王子市西端の陣馬山と高尾山の山稜を水源とする。市内にはほかにも、程久保川や谷地川などの小河川が流れ、どの川も地形の骨格をつくり出すうえで、大きな役割を担った。

日野市は、大きく分けて三つの地形からなる。西部の台地、南部の丘陵地、東部に広がる沖積地である。都心近郊で、これほど多様な地形を持つところは珍しい。

日野台地は、ローム層が堆積したもので、その下に更新世の多摩川や浅川の河床礫(れき)からなる河岸段丘がある。多摩丘陵は、かつては平坦地であったが、流水の浸食を受け、何十万年という年月をかけてつくられたとされる。

それに対し、沖積地は、河川の堆積作用によって形成された。日野を特徴づける三つの地形とも、河川の影響によって現在の姿になったという事実を、まずは知っておきたい。

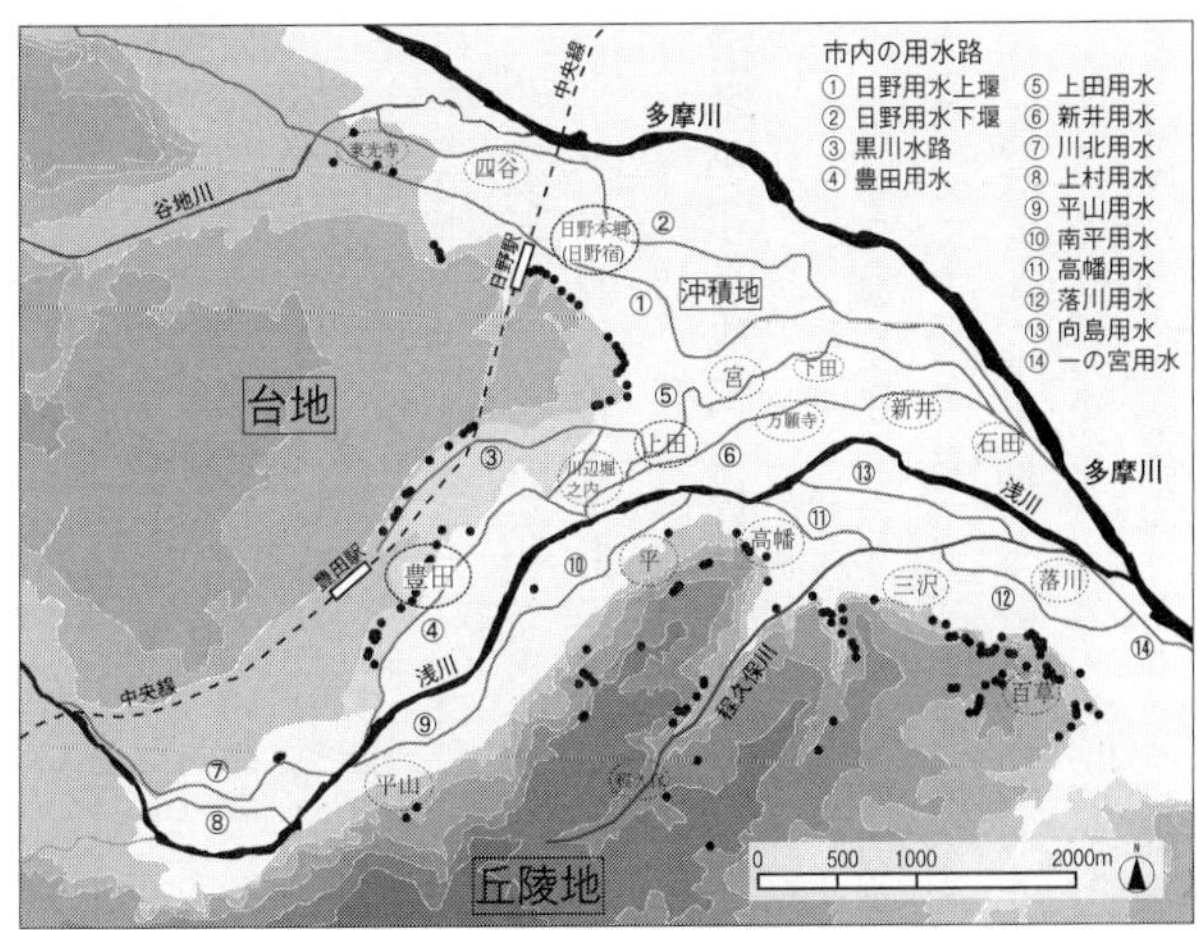

市内の水系（河川、用水路、湧水）と近世の集落分布図（地域地図は法政大学デザイン工学部宮下清栄研究室作成、湧水の場所は日野市発行「湧水現況位置図（2004年）」をもとに作成）

駅名と同名の用水路——日野用水と豊田用水

日野駅と豊田駅は、ともに台地段丘面に位置する。台地の北側に日野駅、南側に豊田駅がある。両駅の周辺には、用水路が流れる。それぞれ駅名と同じ、日野用水、豊田用水と呼ばれている。

日野用水は、多摩川から取水（八王子市平町）し、日野駅の東側にあった近世の宿場町の手前で二つの用水路に分かれ、日野用水上堰（せき）、下堰と呼ばれている。そして、周りの広範な農地を潤していた。二〇〇八年発行の「日野市用水路マップ〈市民版〉」によると、日野用水の総延長は上堰が二万六九九三メートル、下堰は一万〇二八七メートル。豊田用水は、浅川から平山橋付近で取水し、豊田村などの農村集落へ広く水を配る用水路で、総延長は一万四〇四六メートルと、その距離の長さに圧倒される。

地図上で江戸時代の集落分布を見ると、どれも用水路や湧水がある場所に位置することに改めて驚かされる。中央線が通る以前の日野の地域においては、水の得られる場所に人々の生活が営まれていたのだ。

用水路や湧水という水環境と地形をテーマに、「水の郷」といわれ、農ある風景を資産とし、独自の地域づくりに取り組む日野市を歩いてみよう。

宿場を守る地蔵と日野煉瓦

日野駅に着いたら、ホームの八王子方面へ歩いてみよう。すると、線路の脇にある小さな林に気がつく。近づいてみると、なんと林の中に神社がある。しかも、その神社が中央線に対し、背を向けているのが興味を引く。

駅舎の改札口を出て、台地の斜面に沿って曲がった坂道を歩くと、神社の鳥居が見える。鳥居には「飯綱権現社(いづなごんげんしゃ)」とある。創建は二説あり、正治元年(一一九九)説と甲州武田遺臣の勧請(かんじょう)説が伝えられている。いずれにしても甲州街道の往来が盛んになる以前からあったものと考えられる。中央線の開業以前は長い階段を上った台地に社殿があったが、開業とともに、現在の場所に移転された経緯を持つ。

本殿の基壇に目を向けると、煉瓦が使われている。現在の煉瓦は、関東大震災後の改修時のものとされているが、神社が移転した当初は、この地で製造された日野煉瓦が使われた。現在の日野警察署北側に日野煉瓦工場が誕生したのは明治二十年（一八八七）。操業期間はわずか二年半であったが、五〇万個の煉瓦が製造されたという。そのうち二〇万個が甲武鉄道の建設による多摩川や浅川の鉄橋に使われ、現在もその役目を果たしている。日野駅周辺で日野煉瓦が見られるのは、中央線と日野用水上堰が交差する場所である。水路の両側に積まれている日野煉瓦の壁が今も確認できる。現在も使われ続けている近代の土木構造物として価値がある。

旧甲州街道から参道へ入る飯綱権現社

飯綱権現社の脇には、地蔵が数体並んで立つ。地元の人たちからは「西の地蔵（坂下地蔵）」と呼ばれ、親しまれているものだ。由緒を調べると、享保元年（一

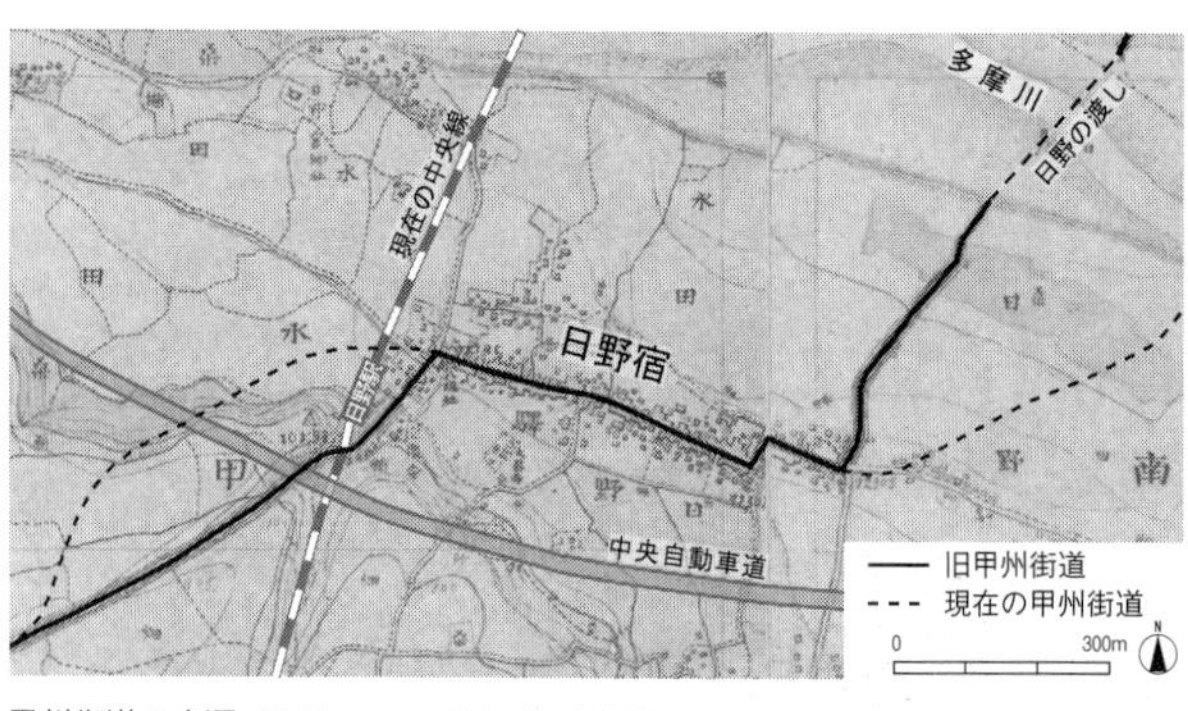

甲州街道の変遷（地図センター発行「明治前期測量２万分の１フランス式彩色地図」より）

七一六）に、日野宿の西の入り口を守る意味をこめて置かれたとされ、宿場や街道を往来する人々の信仰を集めていたものだという。

現在の甲州街道は、日野駅前で中央線の高架下を直進しているが、明治前期の古地図を見ると、当時の甲州街道は日野駅前東の交差点から、宝泉寺へと向かう道に曲がっていたことが確認できる。その道沿いにあるのが飯綱権現社と西の地蔵なのだ。

日野宿の形成と駅の誕生

日野宿は、宿場としての下宿・中宿・上宿と東光寺・四谷・北原・下河原・万願寺・谷戸・仲井・山下の枝郷と呼ばれる農村部を指す。宿場は慶長年間（一五九六－一六一五）に甲州街道の一宿として定められ、江戸からは内藤新宿、上高井戸、下高井戸、布田五宿、府中宿を経て日野宿に至り、次の八王子宿へと継ぐ。宿場の裏側は田畑が広がっており、その中を用水が縦横に流れていた。近世以前は、武蔵国府があった府中と八王子城下町の中間に位置し、多摩川にも近いことから、すでに往来が多かったと思われる。そして、江戸時代に宿場町が形成されると、交通の要衝としてさらに重要な場所となった。その後、明治期になって甲武鉄道（中央線）が通り、宿場町の少し西の外側に駅がつくられたことになる。開設時の駅舎は、現在より三〇〇メートル南にあったが、中央線の複線化に伴い、昭和十二年（一九三七）に現在地へ移転した。この時期の駅は新宿駅のように、宿場から少し離れて置かれたものが多い。また、豊田駅も農村集落を避けた畑地一帯の場所に駅が通されている。だから駅を降りて数分歩かなければ、近世以前の古層が重なる場所へ

近世に描かれた日野宿の様子、手前を流れるのが多摩川（長谷川雪堤画、1845年）（出典：多摩市指定文化財『調布玉川惣畫圖』多摩市教育委員会蔵、データ提供：パルテノン多摩歴史ミュージアム）

移転した当時の駅舎が残る日野駅

と辿り着けないのである。

ほぼ当時のままで使われ続けている駅舎は、入母屋屋根を持つ民家風の建物。関東平野の農村風景にふさわしいデザインとして、設計されたものだという。初代原宿駅の古材を利用して建設された経緯も興味深く、歴史の記憶をとどめる駅舎として利用され続けている。

街道沿いを歩くと、今も宿場の面影が多く残っている。駅から歩くと最初に見えるのが「八坂神社」。創建は不明だが、元亀元年（一五七〇）に旧本宿から「普門寺」とともに現在地へ移転したという。元亀元年は日野宿の形成を知るうえで重要な年にあたる。北条氏照によって日野本郷の屋敷割りが実施され、宿場の町並みが整備された年だからである。

八坂神社のほかに、この時期移転した寺社として「宝泉寺」がある。創建は元徳年間（一三二九－一三三二）とされ、元は姥久保にあったが、天正年間（一五七三－一五九二）に現在地へ移転をする。旧本宿と姥久保とも、日野宿が整備される以前からある集落で、中央線より西側にあったといわれる。宿場を整備するうえで、周辺集落の寺社を取り込みながら形成されたプロセスが興味深い。

さらに街道を進み、旧宿場の下佐藤家にあるのが「日野宿本陣」だ。現在の建物は、嘉永二年（一八四九）の大火で焼失した主屋の代わりとして建てられ、文久三年（一八六三）四月に上棟されたことが知られる。都内で現存する唯一の本陣として、希少価値がある。

街全体としては、街道に対して間口が狭く、奥行きが長い敷地割りが受け継がれ、蔵が数多く残っている。蔵は倉庫としての用途以外に、店蔵や事務所としても利用されている。蔵の建築として中でも圧巻なのは、新奥多摩街道入り口の交差点付近にある「旧日野銀行」だ。地元の有力者たちによって明治十六年（一八八三）頃に開業され、明治中期に建設されたものである。また、日野用水下堰沿いには蔵の屋根を守る防風林（カシグネ）を持つ民家が現在も数軒見受けられる。

甲州街道沿いにある旧日野銀行

日野駅周辺には、市街化が進む以前の様子を伝える仕掛けとして、「まちかど写真館inひの」と呼ばれる展示が行われている。道を歩くと、その場所と同じアングルで撮影された古写真のパネルが住宅の塀やフェンスに飾られ、道行く人々を立ち止まらせている。二〇〇六年に結成された「日野宿発見隊」の人たちが日野宿の歩みを残そうと始めたものである。実は、昔から日野駅周辺では、数多くの写

防風林（カシグネ）を持つ民家

まちかど写真館 in ひの

真が撮影されていた歴史がある。昭和初期にフィルムを製造する六桜社（現コニカミノルタ）が台地上に建設され、日野宿の人たちもその工場で働いていたのだ。その人たちが撮影した写真が貴重な財産として今に残されている。写真には一帯に広がる田園の風景や用水が暗渠となる以前の人々の暮らし、お祭りの様子など、ひと昔前の生活を今に伝えている。

地形を巧みに読んだ日野用水を歩く

次に、甲州街道に面した旧宿場町を、南と北の両方から、裏側を流れる日野用水（南側が上堰、北側が下堰）に沿って歩こう。この日野用水は、永禄十年（一五六七）という早い時代に、美濃国（岐阜県）からきた佐藤隼人によって開削された用水路で、日野において史料で確認できる最古のものである。古いだけでなく、地形を巧みに読み込んでつくられた点でも高く評価されている。宿場町は、南と北で高さが異なる二つの面によって構成される。上堰は台地低位面、下堰は低地面を流れ、微地形を巧みに利用して、面一帯に水が配分されるように計画された。

地形と用水路との関係を理解するには、欣浄寺（ごんじょうじ）から日野市立第一中学校へ向かう道（甲州街道制定以前の古道という説もある）に行くとよい。台地低位面の欣浄寺の脇にあるとんがらし地蔵を過ぎると、徐々に地形が下がり、低地面となる第一中学校に沿って下堰が流れてくる風景を見ると、それがよくわかる。

精進場と屋敷神信仰

第一中学校から日野用水下堰を遡って歩くと、別の用水路と合流する地点にぶつかる。その場所には用水路へ降りる石段があり、説明板には「精進場」とある。「精進」とは、神仏参詣に先だって、水を浴びて心身を清める禊を指す。かつては霊山を参詣する日野の人々がこの場所で禊（みそぎ）をしたため、この名がついたとされている。また、講を組んで富士山を参詣する「富士講」の人々が、日野台の富士塚（現コニカミノルタ日野事業所内）から富士山を拝む前に、この精進場で心身を清めていたとも言われている。日野の人々にとって用水路の水は、信仰のうえでも重要な意味を持っていたことがうかがえる。

民間信仰では、現在でも多くの民家に屋敷神が祀られている。屋敷神の祠が置かれている場所は、敷地の北東（鬼門）や南西（裏鬼門）の角に置かれる場合が多く、地域ごとに同じ方角に配置される傾向がある。そのため、道を歩いていても容易に見つけられる。ご神体で最も多いのが稲荷で、古くは土地神であるとともに「イネナリ」、つまり稲の守護神として田の神信仰として祀られた。次に多いのが弁財天。祀りはじめの縁起は、水の守り神、水の精霊に対する水神信仰、蚕の守り神、財宝を授ける神とされる。この地域にとって重要な農業や用水路、養蚕と深く結びついた信仰が現在も受け継がれていることを屋敷神が伝えている。

精進場

道から見える屋敷神

水門から農地を探す

日野用水は、宿場へ水を供給するのみか、その背後にある広大な水田地帯にも水を注いでいた。古老の話では、夏場は水田によって冷やされた風（田んぼ風）が家の中へ入り、快適に暮らせたという。米づくり以外にも、水田は人々の暮らしと密接に関係していたのだ。

日野用水上堰、右が支線となる用水路

宅地裏には、今も農地が残っている

幹線としての日野用水が、水田全体に水を行き届かすためには、分岐して流れる支線としての用水路が不可欠である。実際、幹線用水路より支線用水路のほうがはるかに長い場合が多い。日野用水上堰の場合、幹線水路長は六八四一メートル、支線水路長は二万一五二二メートル（支線数は二八）。下堰はそれぞれ、三九八四メートル、六三〇三メートル（支線数は二一）と支線が圧倒的に長いことがわかる。

用水路歩きの楽しみのひとつが水門探しだ。用水路の側面を眺めると、ところどころに水門を発見する。水門は、水量を調節するために、用水路の幹線と支線を結ぶ場所に設けられている。支線の用水路は、現在も耕作され続ける農地を探す道しるべとなる。

都市化が進んだ現在は、その水田の多くが住宅地に変貌した。現在は、用水路沿いにも住宅が建ち並ぶが、その裏側には、幸いまだ多くの農地が残されている。住宅にはさまれた支線の用水路沿いに歩くと、その先に農地が現れ、作物が生い茂るのどかな風景にしばしば出会える。

日本の近代を支えた養蚕と蚕糸試験場

精進場を過ぎさらに北へ向かって歩くと、正面に鬱蒼とした森が見えてくる。森の東側には、平成二十四年（二〇一二）にオープンした「日野市市民の森ふれあいホール」の新しい建物に目が留まる。その建物が見える森の奥に、時代の経過を感じる立派な建物が隠れているのを発見。「蚕糸試験場第一蚕室」（通称桑ハウス）と呼ばれる昭和初期の建物だ。日本の養蚕技術を支えた歴史を持ち、近代遺産としても高く評価できる建物である。明治以降、日本にとって生糸は主要な輸出品として重要であった。市内でも、江戸後期には養蚕が行われ、大正中期に最盛期を迎える。昭和初期に入り、蚕や桑の品種改良・品質の向上を目的として蚕糸試験場日野桑園が置かれ、現在も残っているのが蚕糸試験場第一蚕室である。養蚕の衰退とともに日野桑園は昭和五十五年（一九八〇）に筑波へ移転する。その後、敷地一帯は廃墟の中に自然の森が育ち、市民から「仲田の森」と呼ばれ親しまれていた。

蚕糸試験場第一蚕室（通称：桑ハウス）。2011年8月

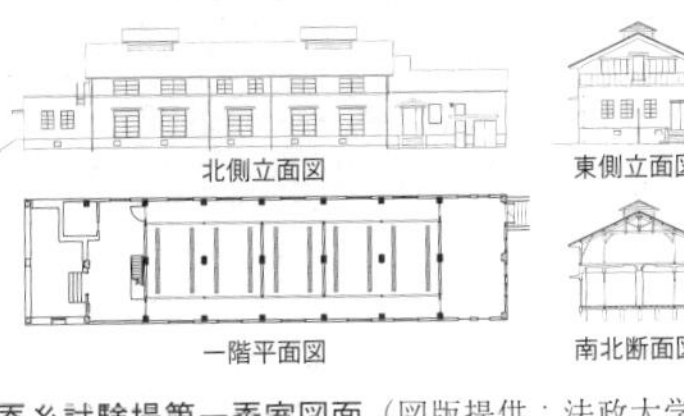

蚕糸試験場第一蚕室図面（図版提供：法政大学デザイン工学部永瀬克己研究室）

第一蚕室を利活用した「Live 桑ハウス」。2011年8月

宿場の入り口を守る、東の地蔵（福地蔵）

　そして、老朽化が進むこの建物の保存問題が起こった。そこで蚕糸試験場の遺構や仲田の森の魅力と価値を伝えるため、平成二十二年（二〇一〇）に「Town Factory 一級建築士事務所」「法政大学エコ地域デザイン研究所」「自然体験広場の緑を愛する会」が協働し、「仲田の森遺産発見プロジェクト」が結成された。年に一回開催される「ひのアートフェスティバル」では、蚕糸試験場の跡地を利用したインスタレーションを行うなど、桑ハウスを活用し、将来的な保存のあり方を考える試みが重ねられた。その努力が実り、市内に残された数少ない近代建築のひとつであるこの建物は、国の登録有形文化財に登録された。立派に修復、再生され、その活用への準備が進められている。

　日野駅ルートの最後に訪れる場所は、先述した西の地蔵の対となる「東の地蔵（福地蔵）」。かつては三叉路にあったが、現在は新奥多摩街道入り口の交差点を少し過ぎた場所に移されている。街道沿いに発展した日野宿の両端を、こうして東と西の地蔵が現在も守っているのが興味深い。

崖沿いに湧水と遺跡が集まる豊田駅周辺

日野用水を歩いたら、次は豊田駅へ移動しよう。日野駅周辺のエリアと同様、段々状の地形を持つ河岸段丘にあり、三つの平坦な面からなる。最上段にあたる台地の面を上段面、段丘面を、上から中段面、下段面と呼ぶことにすると、豊田駅はその中段面に位置する。

駅を北へ向かって歩くとすぐに、上段面の「多摩平団地」が見える。昭和三十三年（一九五八）に三〇ヘクタールの規模で、日本住宅公団によって建設された団地だ。団地建設以前の多摩平一帯は、畑地であった。戦後の団地開発によって、人々が初めて住み始めたように思われるが、遺跡調査の成果から、そのはるか昔に、先人たちが生活していたことがわかった。

この一帯は、旧石器時代のナイフ形石器が発見された山王上遺跡など多くの遺構が見つかっている。団地から南へ歩くとすぐに、上段面と中段面の境界があり、崖線が続く。その崖線から湧き出る豊富な湧水を利用して、昔の人々は生活をしていたと思われる。

湧水が集まってできた黒川水路

崖の下へ降りると、「黒川清流公園」に着く。公園内にある崖線は、環境先進自治体といわれる日野市内でも、最も早い時期に保全された貴重な斜面緑地だ。崖の随所で湧いている黒川湧水は、東京の名湧水五七選にも選ばれ、わさびの栽培にも利用されている。豊富な湧水は、中段面の黒川水路に集まり、下段面を流れる豊田用水へと流れる。黒川水路は、湧水を水源とする市内唯一の用水路だ。そのためか、他の用水路はすべて「用水」と名がつけられているのに対して、ここだけは「水路」と名がつけられている。

黒川水路は、平安時代からの古い用水路と伝えられる。全国的には、大きな川から取水をする用水路が建設されるのは、土木技術が発達した江戸時代以降である。それ以前は、黒川水路のように、台地や丘陵地から湧いた水を用水路に集め、人々の暮らしが営まれていたのだ。

取水口から排水口へ向かって豊田用水を歩く

黒川水路を後にして、次はメインとなる豊田用水を歩く。効率よく用水路を歩くには、取水口を始点にして、用水路の流れに沿って歩き、再び川へ戻る排水口を終点に設定するのが賢い。今回は、取水口のある平山橋から、排水口のある日枝神社までを歩く。

平山橋に着くと、まず目に入るのが浅川だ。左岸を台地、右岸を丘陵地にはさまれ、ルートとなる豊田、川辺堀之内をはじめ、平山などの農村集落へ水を注ぐ川である。取水口を通過すると、道路に沿って水路幅四メートルほどの豊田用水が始まる。豊田用水の開削時期は不明だが、江戸時代のものとされている。

黒川清流公園、崖下に随所で水が湧いている

豊田用水の取水口

豊田という地名は、中世からの歴史を持つ古い地名だ。鎌倉時代から室町時代にかけて、船木田新庄（ふなきだしんしょう）の一部として記録されている。現在、東豊田と豊田に二分されているが、もともとひとつの村であった。崖下の豊富な湧水や地下水、浅川からの取水と水田に適した土壌から、豊かに実る田園の景観がそのまま村名となったと言われている。

用水路に沿って進むと、河原から運んだ玉石の石積みと、その上

豊田用水沿いの民家には、用水路に沿って玉石の石積や生垣が続く

豊田用水路と洗い場

に生垣が並ぶ民家の美しい風景が続く。用水路の向こう側にある民家へアプローチする橋が連なり、心地よいリズムを生む。また、石段や洗い場の跡もあり、かつて農作物や食器、生活用具を洗うために利用していた光景が思い浮かぶ。現在でも水面を見ていると時折、野菜の切れ端がまとまって流れてくる。用水路が暮らしの中で、今も利用され続けているのだ。

豊富な水資源を求めて進出した近代の工場

用水路がつくり出す、のどかな風景を歩き続けると、「NBC日野本社」(旧日本篩絹株式会社)が見える。昭和十二年(一九三七)に日野へ進出した企業である。日野市は昭和恐慌による経済的危機を受け、昭和十年頃から工場誘致を始めた。その時期に日野五社などの企業が日野へ進出する。日野五社とは、六桜社、日野重工業（現日野自動車）、富士電機豊田工場、神戸製鋼所東京研究所（現神鋼電機）、吉田時計店株式会社である。

この時期、日野に多くの工場がやって来た理由は、豊富な水資源にある。日本篩絹株式会社もそのひとつであった。時代や用途は変わっても、日野にとって水が人々を引き寄せる大事な要素であったことは注目にあたいする。工場の誘致は戦後も行われ、工業都市として日野市は大きな発展を遂げたが、近年、市内の大工場が次々と撤退する動きが見られる。平成二十三年（二〇一一）には、東芝日野工場の閉鎖と日野自動車の工場移転が発表された。日野の財政やまちづくりにおいて、これまでの工場に頼った時代から脱却し、新たな将来ビジョンを根本的に考え直す時期に直面している。

湧水と信仰の空間――豊田‐東豊田

ＮＢＣ日野本社の敷地沿いに、豊田用水へと注ぐ用水路を発見。遡って歩くと、緑で被われた崖の下に至り、目の前に「八幡神社」の鳥居が姿を現す。その脇には、なんと湧水があるではないか。「中央図書館下湧水」と呼ばれ、黒川湧水とともに東京の名湧

崖下にある八幡神社の鳥居と湧水群

中央図書館閲覧室。奥に遥拝殿が見える

水五七選のひとつに選ばれているものだ。

八幡神社の遥拝殿（ようはいでん）は、水が湧く崖の上にある。鳥居をくぐって石段を登ると、「日野市立中央図書館」に着き、遥拝殿が奥に見える。八幡神社は、もともと中央図書館の場所にあったが、昭和四十八年（一九七三）に図書館が建設された際、その脇に移されたという。中央図書館は建築家、鬼頭梓（きとうあずさ）の作品で、できるだけ自然を残し、地下水脈に配慮した設計となっている。閲覧室のソファーは、森と神社の風景を眺められるように配置され、落ち着いて読書や勉強ができる空間となっている。

豊田用水に戻りさらに進むと、黒壁の立派な屋敷が見える。その屋敷を左に曲がりさらに崖線へ近づくと、一メートルにも満たない細い用水路が諸所に流れる風景に出会う。これらの用水路は、崖下の湧水を取水源としたものだ。宅地を流れる用水路では、やかんや野菜を冷やすために、現在でも湧水を利用している光景を目にする。

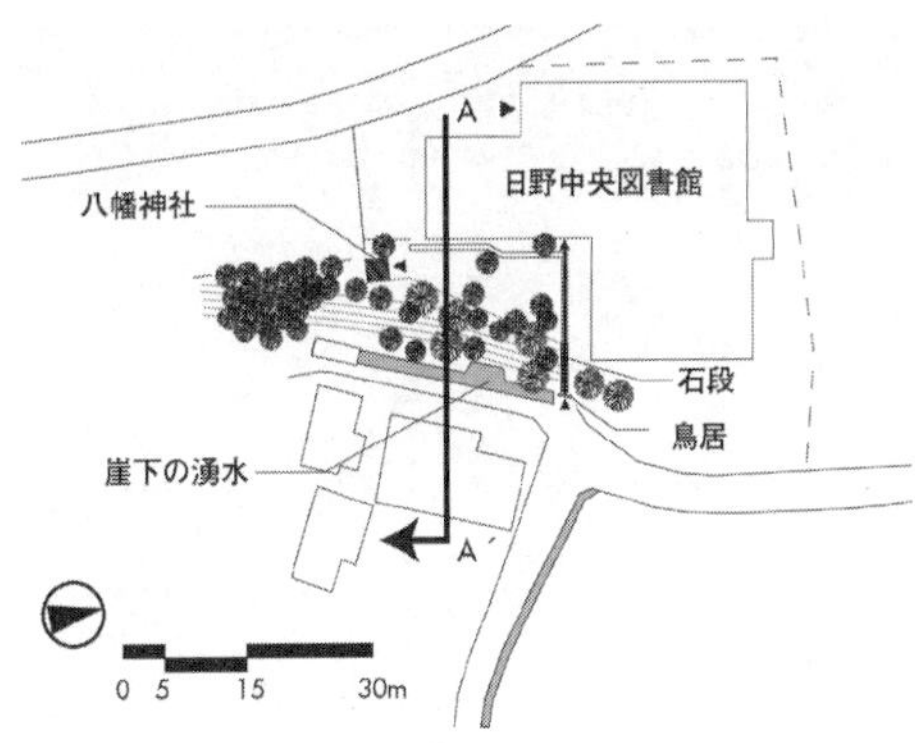

八幡神社配置図（図版作成：法政大学デザイン工学部陣内秀信研究室）

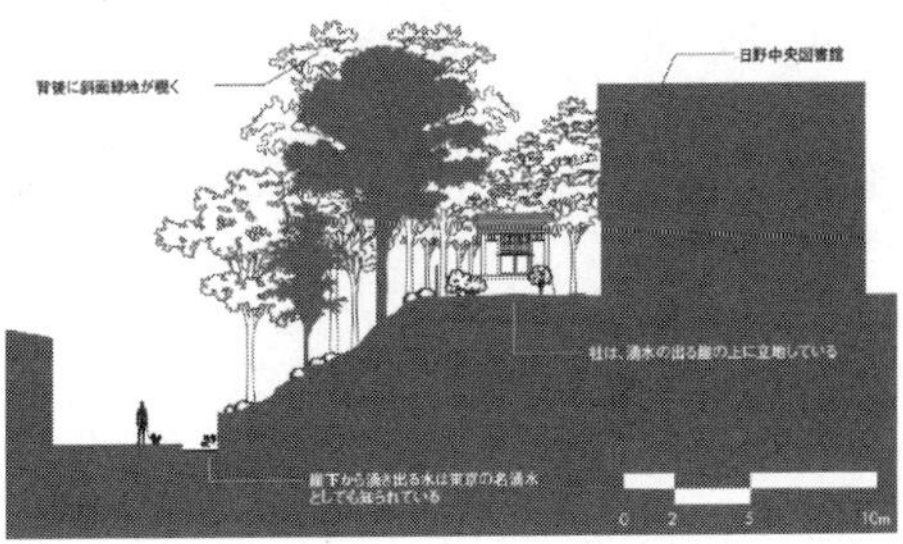

八幡神社断面図（図版作成：法政大学デザイン工学部陣内秀信研究室）

おしゃもじさまを祀る祠

日野第二小学校まで進んだら、「おしゃもじさま」と呼ばれる小さな祠を目指したい。石碑は畑地の中にあり、その奥に目指す祠がある。道路から発見するには小学校の手前で左に曲がり、ふたば幼稚園を過ぎてから右に曲がって進むと、右手にその畑地と祠に辿りつく。「おしゃもじさま」とは、石神の一種で、お供えしたおしゃもじで飯をよそったり喉を撫でると、風邪や百日咳に効くと言われている。病気が治るともう一本増やして返すという。市内では万願寺地区の藺沼（いぬま）にも「おしゃもじさま」の信仰がある。見過ごしやすい小さな祠だが、歩きながら探しだし、地元の人に尋ねると、地域の風習や習慣を知る手掛かりとなるのが面白い。

用水と信仰の空間――川辺堀之内

さらに進み、「堀之内緑道」を歩くと川辺堀之内に入る。豊田や川辺堀之内は、日野市内でも農村風景がよく残された地域であったが、近年、区画整理事業が進行中で、田園風景や地形に沿って流れる用水路も大きく変わりつつある。堀ノ内という地名は、全国各地に多くあり、そのほとんどは中世の館跡に由来している。この地も中世土豪が居館を構えていたと考えられている。考古学の専門家によると、堀ノ内緑道の東側に隣接した丘には砦の痕跡が見られるという。今後の発掘調査が期待される。

堀ノ内緑道の下は、豊田用水の分水路が暗渠となって流れ、排水口へと導く。そして

堀之内緑道、手前の水門は豊田用水分水口（暗渠）の取水口

日枝神社。社殿の背後にそびえるムクノキは、樹齢300年以上と推定される

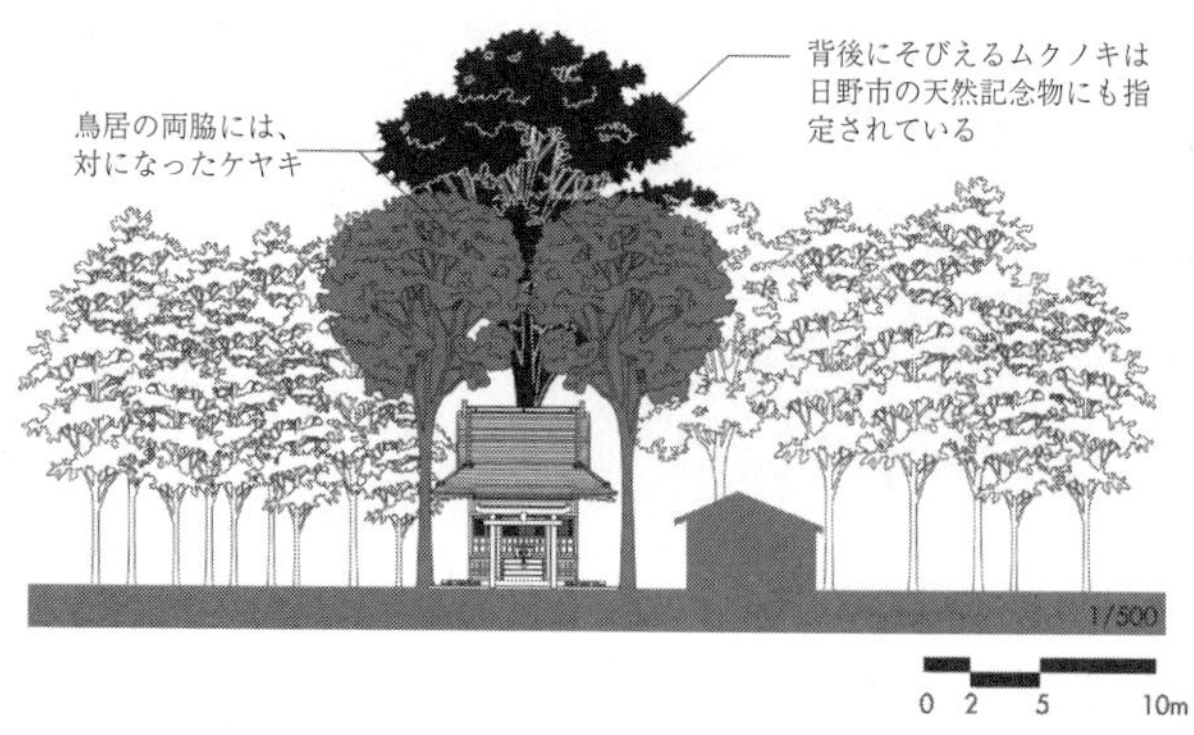

日枝神社立面図（図版作成：法政大学デザイン工学部陣内秀信研究室）

豊田用水排水口

大きな森が見えると、用水路歩きも終わりに近づく。そこには「日枝神社」と「延命寺」があり、鎮守の森を形づくる。二つの寺社とも創建は不明だが、日枝神社は江戸時代の初め、川辺堀之内村の成立にあたって、近江国坂本の日吉大神を勧請奉仕して今に伝えるという。また、延命寺は本尊（延命地蔵菩薩）の作風が鎌倉時代と考えられることから、中世に遡るとも言われている。日枝神社の境内で目を奪うのは、本殿の背後にある樹齢三〇〇年以上と推定されるムクノキだ。市の天然記念物に指定され、高さは市内最大の二八メートル。このご神木の存在によって日枝神社の神聖さがさらに高められ、聖域に独特の気配を生んでいる。日枝神社を過ぎると、排水口が設けられた土手が見え、用水路の水は、ここで再び浅川へと戻るのである。

本章は、農業や人々の日々の暮らしに欠かせなかった日野用水と豊田用水を中心に歩いてみた。日野の随所に見られる用水路や湧水は、徐々に減少しているとはいえ、まだ健在な農業用の水路として使われ続けると同時に、人々の心を和ませ、地域の特徴ある風景をつくるという現代的な価値も担っている。

中央線を離れ、用水路や湧水という水循環の仕組みと地形を重ね合わせつつ徘徊することで、先史時代から近世の農村社会までの古層が重なる、多摩地域らしい風景との出会いを存分に楽しめるのである。

文庫版対談　陣内秀信×三浦展

「鉄道がなかったら」という視点が新しい郊外を生む！

「鉄道がなかったら……」という視点

三浦　この本の「中央線がなかったら」という視点は、私が一五年ほど東京の町を散歩してきて、地図を見ると「なんだ、ここからここって道一本でつながっていたんだ」と気づくことが多くて、そうした経験により古道への関心が出てきたというところから生まれています。それは電車で移動していたら得られない視点でした。鉄道は、開業当初はじつは厄介者として嫌がられていて、「どうでもいい」とされていた場所につくられたということを後から知って、それで、鉄道ができる前の町の姿を古道から想像してみようというのが、本書のきっかけでした。

陣内　はい。

三浦　青梅街道みたいな大きな道じゃなくても、その地域内の中心となる道を調べていくと面白くて、街がまた新しい魅力を持って見えてくるということをこの本をつくっていて感じました。それで、その新しい視点でほかの沿線や地域も見るようになりました。郊外は歴史のないところだなんて私は思ってきたのですが、じつは江戸以前、鎌倉時代などを見ると、いまは中心ではない郊外のほうが中心だったということもあります。本書のために古代東山道（とうさんどう）の遺構を見て本当にびっくりしましたが、私が最近原稿を書いた玉川学園、多摩ニュータウン、所沢、それから鳩山ニュータウン、偶然にもこれらは鎌倉街道沿いなんですよね。

陣内　面白いですね。

三浦　そういう地域にこの数十年で住宅地ができて、都心から鉄道で何分という見方をされるようになったんだけど、そのはるか何百年も前にはじつは縦につながっていた。府中の国衙の建物の瓦って、鳩山ニュータウンがある比企郡で焼いてつくっていたらしいんですよ。そういうふうに、同じ場所でも、明治以降の歴史の中で見る見え方と、古代、中世の視点で見たときの見え方は、まるで違ってくる。住民も、自分の住んでいるところを「歴史が何もないところ」と思うより、「何百年前は、この辺はすごく栄えていたらしい」と知っておいたほうがうれしいですよね。そうしたら、きっと地域へのプライドが持てると思うので。私がこれまで何十年もやってきた郊外研究にとっても、この「鉄道がなかったら……」という視点は重要だったと思います。

陣内　東京を研究してきて、城下町を下敷きとする江戸の中心だった山手線の内側は、その歴史がわかりやすいんですよね。一方、山手線の外側の、江戸時代に農村だったようなところは、歴史的価値がわかりにくいんです。日本の郊外住宅地は、鉄道もあるし便利だし、子育てにもいいから、住む人が多くなってきた場所です。そこには、歴史的なアイデンティティがあまり感じられなかった。でも、本当は何かあるんじゃないかと思って探して、地形、川、湧水、古道などに着目し始めたんです。ちょうどそんなことをやっていたときに、三浦さんから中央線沿線に関する本をつくってみないかというお誘いがあり、それならばと、従来と発想を変えて、思いきり中央線から離れてみるということを提案しました。そうしたら三浦さんも、大いにはまってくださった。

三浦　あの頃は、阿佐ヶ谷、高円寺、中野を歩くだけでなく、何度も自転車に乗って回りました。

陣内　そうやって見ていったときの東京の面白さといったら、すごかった。そして今回、その連載をまとめた単行本が文庫化されるわけですが、新型コロナウイルス感染症が流行して、みんな都心一極集中じゃなくて、もっとゆとりのある郊外に目を向けよう、地元を再発見しようという動きが高まっている。この本で私たちが考えたことに、追い風の状況が生まれてきていますよね。

コロナで変わる生活圏

三浦　それぞれの地域で、「うちの近くの鉄道がもしなかったら……」という研究をしてほしいって思いますね。もし西武新宿線がなかったらとか、小田急線がなかったらとか。そうすれば、それぞれの場所で、別のつながりが見えてくる。コロナがもたらした、唯一かもしれない良い点は、都心の会社や繁華街や遠くへの外出ができなくなって、みんなが自分の街を知るようになった、知ろうとしだしたということだと思うんです。電車で通勤する生活をしていた人は、自分が住む街でも、家の近所と駅前ぐらいしか知らないってことが多いですよね。私もサラリーマン時代はそうでした。それが、コロナで変わってきた。

陣内　確かに、そんな変化があるようですね。

三浦　いままで行ったことのない通りを歩いてみようとか、駅の反対側を見てみようというふうになって。それで、こんな坂道があったのか、こんなところに緑豊かな公園があったのかと発見することも増えたと思います。あと、いつもと違う床屋に行ってみよう、駅の向こうの古本屋に行ってみよう、なんて人も増えたみたいですね。実際にお店をやっている人から、いままで見たことがない人がたくさん来ていると聞きました。あと、『ブラタモリ』のブームもあって、坂などの地形を意識しながら自分の街を見て歩くと面白い、という風潮が出てきたことも大きいかもしれないですね。とてもいいことだと思います。

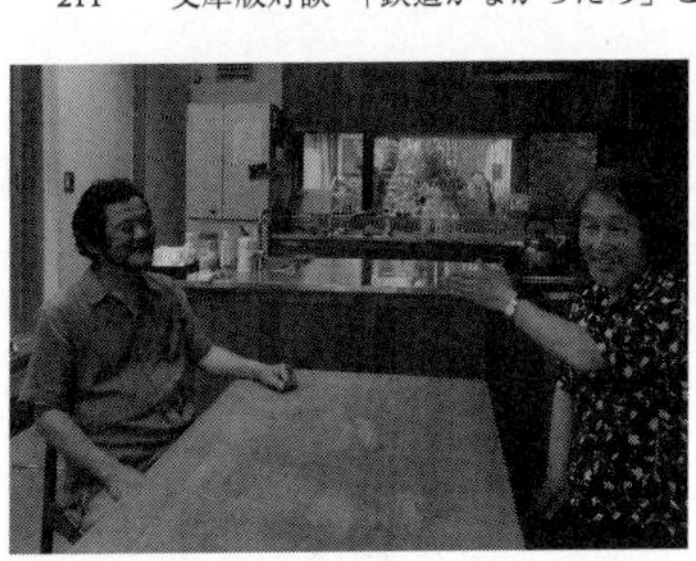

陣内秀信（右）と三浦展（左）

陣内　ヨーロッパの大都市でも、パンデミックになって、都心一極集中で、毎日、都心の職場に通勤し、郊外は住宅だけということに対する反省が、ものすごく出ているみたいで。「一五分コミュニティ論」というものが随分言われているんですね。パリの環境派の女性市長、イダルゴ氏が積極的に提唱したり、ミラノでも考えられていて。これが、結構面白い概念なんです。たとえば、パリには中心部に様々な機能が集中し華やかな場所があって、観光客も来るんだけど、郊外もかなり広がっていますよね。そういうところに分散的な核をつくって、自転車、あるいは歩いて一五分でどこにも行ける複合的なコミュニティをつくるというもので。近代都市計画は、ゾーニングして、ここは住宅地、ここは工業地帯というように分けるものでした。それを混ぜていく、複合化して何でもそろっているコミュニティをつくっていく、そういう考え方ですね。

三浦　それが、パリの外側で行われるんですね。

陣内　そうです。やはり少し外側らしいんですね。こういうことをパンデミックになる少し前に市長が提案して、それがいま、話題になっているんです。この「一五分コミュニティ論」を東京で考えてみると、商店街がすごく沢山あり、誰にとっても一五分ほどで商店街に着けるんです。商店街をもっと魅力的に再生し、そこに公共的・社会的サービスや、多様な職場の機能も生み出すことで、より自立した複合機能を持つコミュニティをつくりだすことが可能になるのではと思います。商店街を中心に質の高いアーバンコアを生み、職と住を近接させる。周辺には、単なる緑地や公園ばかりか、この本が強調する川や自然と結びついた歴史の要素を持つ、歩いて楽しいゾーンが広がる。東京版「一五分コミュニティ論」には可能性があると思います。

大きな開発ばかりのモデルをつくりなおす

陣内　ヨーロッパ、たとえばパリはいま言ったことを本気でやろうとしています。ミラノも、あのパンデミックの最中、二〇二〇年の三月に、自転車都市宣言をしているんです。ただ東京は、何しろ都市政策がないところで、パンデミックになっても、オリンピックをどうするかばかり議論していて、これから都市をどうするかという本質的な話は聞こえてこなかったですね。

三浦　そうですね。都市政策というと、いわゆる「木密地域」（狭小な木造住宅が密集して建っている地域。関東大震災や第二次大戦後に旧東京市外に形成された）の建て替えを最優先課題にしていて、木密地域にも雰囲気の良さがあるのだけど、「防災、防火だ」って言われると、なかなか反論できない。でも、単に木密地域をつぶしてビルやマンションを建てるというのではなく、その木密地域の良さを耐火建築であっても残していく方法を考えればいいのにな、と思います。たとえば向島にあるような良さっていうのは、建物の配置などを考えれば、つくることができる。でも、そういう新しい街の姿を見せようとせず、単に「三〇階建てのマンションを建てます」というふうにして、木密地帯をつぶしていくというのは、非常に発想が貧しいと思いますね。そういう意味では、下北沢にできたBONUS TRACKは、いいと思います。

陣内　あそこは、いいですね。

三浦　いまどき、わざわざ木造二階建ての商店街を新しくつくるっていう発想がいいですね。木密地帯や闇市跡の飲み屋街が今後こんなふうに変われるのなら、それはいいなと思いました。

陣内　私は、中央区の都市計画審議会の会長を一〇年ぐらいやっていたんですが、本当に大きな開発の案件しか出てきませんでした。普通の街を変えたり、良くしていこうという話は全然出てこなくて、大きな開発を認めるかどうかという話ばかり。まあ、反対する人も少ないから、全部認められるんですけど。

三浦　それはつらいですね。

陣内　たとえば月島のあたりには、タワーマンションがどんどん建ちました。中央区としては、だいぶ前に地区計画を考えて、もう少し緩やかな変化、路地を少し広げて耐火性を持たせて三階建てぐらいの建物にしていく、という感じのモデルケースを一応提示しているんですが、本気では取り組んでいません。もちろんディベロッパーは、そんな計画に沿ってやりたがるはずもない。つまり日本のまちづくりって、本当に市場任せ、資本任せなんです。そうすると、効率良く稼げるようなスキームしか成り立たないんですよね。それでタワーマンションばっかりになって、もともとの街の良さがなくなり、人間関係も崩れていってしまう。だけど、この本で扱っているような郊外はまだそれほど荒らされてないから、可能性がありますよね。

三浦 そうですね。

陣内 そこにチャンスがあるんじゃないかと、私はにらんでいて。もし郊外でいいモデルができたら、都心のモデルももう一度つくりなおせるとも思うんです。たとえば都心に近い下町の良さを残す清澄白河（きよすみしらかわ）は、結構頑張っていて、面白いことが起きていますよね。あそこは、歴史的な建物というのは残念ながら震災・戦災であんまりないんだけど、戦後できた木材を貯蔵しておく倉庫や、町工場、印刷所があった。そういう建物は結構天井も高くて、空間にゆとりがあって、いろんな機能を受け入れられるんですよね。それで、アートギャラリーになったり、コーヒーショップになったりしている。

この本で扱われている西の郊外では、武蔵野の自然、農地、ゆったりした空気などがある一方で、公団住宅地の文化的な香りなど近代がつくった文化もあります。どの駅の周辺でもそういうレイヤーが上手に組み合わされてきているし、新しい意欲的な人たちもいっぱい入ってきて、いい飲み屋街もできたりしている。そこをもう少し上手に考えて、大きな流れをつくっていくと、武蔵野地域、さらには多摩まで、結構面白い地域ができるんじゃないかなと思います。

谷保の面白さ

三浦　いま、国立市も、もともとの村のあった谷保駅周辺のほうが面白いですね。古い集落のような場所があるし、水系を感じられるし。『散歩の達人』などの国立特集を見ると、取り上げられている店は国立駅周辺より谷保駅周辺のほうが多いんですよ。

陣内　そうでしょう。

三浦　地価が安いぶん、好きなことができるんでしょうね。それぞれのお店が、食材にこだわったり、個性的だったりしています。しかも、谷保では地元の野菜を使うこともできる。いまの時代に求められている感覚の店は、多くは谷保側にありますね。

陣内　この本で国立・谷保を取り上げなかったのは、失敗でしたね。谷保ほど、この本の主張を見事に物語ってくれる地域はないですね。

三浦　本当にそうですね。また連載をやりましょう（笑）。

陣内　もう一〇年ぐらい前になるんですが、僕のゼミの一人の女子学生が谷保のほうの出身で、しかもその子の祖父がデザイナーで駅の近くに事務所を持っていて、国立の文化都市のほうの仕事もしていた。そんな両方に関わっているような家系だったんだけど、本人は谷保にこだわりがあって。国立は北側ばかりが話題になって、南側は完全に忘れられていたんだけど、その子は、本当は南のほうが歴史的に重要だったんだと証明する卒業論文を書いたんですね。

三浦　それはすごい。

陣内　甲州街道の南には、崖線があって、そこに水が湧く。それで、南は多摩川と、絵に描いたような地形です。上の高台にはあんまり水もないし、農業ゾーンとしては全然発展可能性がないところだったわけですよ。だから雑木林が多い。

三浦　谷保には「やぼろじ」という、デザイナーや建築家などが入居し、カフェ、工房、ガーデン、ヘアサロン、子育て支援スペースなどとして使われている場所があります。畑はコミュニティガーデンとして「野の暮らし」が活動を行っています。また谷保の商店街でも一橋の学生が一五年ほど前からかかわっていて、最近は古い木造アパートを改装したシェアハウスに女子学生が管理人になって、彼女も住んでいます。この一〇年ぐらいで、若い人が、農村の自然と都会の利便性との両方に価値を置いてバランスを取るという価値観に変わってきました。

陣内　変わってきましたよね。僕が連れていってもらって感動したのは、「くにたちはたけんぼ」という谷保の農場で、若い人たちが営んでいるんですね。それで本当に、田植えから収穫まで、市民参加で水田を耕作する。

三浦　僕も行きました。ヤギも飼っていますよね。

陣内　そうそう。企業研修から婚活の会場までやっていて、とても面白いんです。いままで現代文明の中で育って普通に生きてきた人が、そこで新しい生き方や価値観に出会ったり、人ときちんと出会う、そういうダイナミックな体験をする場として貸すんだそうです。それが一つの事業になっている。こういう発想は、面白いですね。

三浦　中央線沿線は大学が多いですし、また美大があるせいか、一種のアーツ・アンド・クラフツというか、生活とアートと自然と子育てといったものをうまく融合させた暮らしをしたいという考えの人も多いし、自然系の飲食店を開いたりというのも多いですよね。それは、大きな特徴だと思います。

陣内　イタリアの例で言えば、大都市という存在の人気が高かったのは一九六〇年代までで、八〇年代に中小都市に人気が集まって。その後、今度は小さな村が脚光を浴びていて、小さな村の連合体、「美しいイタリア村連合」のようなものが、ものすごく人気があるんですね。

一方で、日本はなかなかそれができてない。でも、地方都市で農業をやったり、自然と接したり、自分のマイペースで仕事をするようなクリエイティブな人たちが出てきていますよね。同じことが東京でも起きるかもしれないというときに、東京は、もう農地を食いつぶして、市街地、住宅地が、べたーっとなってしまっている。そんな中、国立や日野は頑張って、農家の人たちを応援したり、あるいは、学校給食に地元で取れた米を使って食育と絡めたり、いろいろ努力をしています。

三浦　そうですね。

陣内　農地などの風景は、コモンズ、つまりみんなが共有している財産であるっていう、そういう考え方も出てきています。グローバリゼーション、新自由主義で、どんどん利益や効率ばかりが優先され、それで結局、超高層ビルやタワーマンションばっかりできて、地域が破壊されていく、歴史もなくなる、風景も変わる、という事態になっています。それは、やはりおかしいですよね。もう少し、みんなが共通の価値観を持って、いい空間を共有していく、交流する、何か新しいものを生むという場ができればと思います。緑地や水辺も重要なコモンズですが、農地は人と人を結びつける場として大きな可能性があります。そう考えると、田園が違って見えてくると思います。

地元を見る人と見ない人

三浦　コロナによって、急行が止まらない駅が重要になってくると思います。リモートワークも増えて、急いで会社に行く必要が減っていますから。東小金井や武蔵境、また武蔵境でさらに西武線に乗り換えた新小金井などの駅はこれから面白くなりそうです。いままでなら「不便だからやめよう」と思ったのが、変わってきていて、そこにすごく可能性がある気がします。いまはあまりうまくいっていないところも、コロナを機に、より注目されると思うんですよね。たとえば吉祥寺から井の頭線で一駅の井の頭公園駅のあたりの道沿いでは、空き店舗だらけの通りだったのに最近次々と新しいお店が入って、写真集の古本屋までできているんです。

陣内　コロナ禍で、都心から遠かったり急行が止まらなかったり少し不便だけれども、家賃が安くて、すごくいい価値を持っているというところが再発見されて、元気になっていく。このモデルはすごくいいと思いますね。そのときに、やっぱり従来の開発志向とは違ったモデル、違うスタイルで街をよくしていく術（すべ）をつくりあげなきゃいけないですよね。

三浦　そもそもインターネットで物は買えるようになっていますから、駅前に百貨店があるとか、駅ビルがあるというのが重要でなくなってきていますよね。ちょっと不便だけど自然が豊か、というようなことに価値を見出す人が増えています。

陣内　その流れを育てたいと思うんですが、じつは同時に、逆の傾向も強まっていますよね。バブルがはじけてから、都心回帰志向が強まりました。

三浦　はい。

陣内　まず、一九九〇年代にバブルがはじけて、都心の家賃、物件の価格が下がった。それから、女性が社会に進出して、働く人が多くなった。そうして都心回帰志向が強まったと思います。災害に脆弱だとか、将来の建替え問題が指摘されていますが、いまも相変わらず都心のタワーマンションは人気があります。

それと同時に、都心のタワーマンションが高嶺(たかね)の花で、そういうところにマンションを持てないという人に向けたものとして、郊外に、駅に直結だったり、駅のすぐそばに立地するマンションがどんどんできています。できるだけ通勤時間を短くということですね。せっかく郊外にあるのに、緑も自然も農地も見ないで一目散に職場に行くという、そういうスキームのマンションが、いま本当に増えていますね。

三浦　そうですね。小金井などがそうですよね。

陣内　はい。要するに、戦後つくられた良質な郊外住宅地、たとえば玉川学園のようなところというのは、昭和初期の田園調布や国立など、そういう夢のある都市計画のスピリットを受け継いでいましたよね。郊外の良さを存分に味わえるし、質の高い個性も持っています。それに地形もうまく利用している。そういうのと真逆のものがいま、どんどんつくられていて。一番極端なのは、国分寺駅の北口ですよね。

三浦　そうですね。

陣内　この本の出版後に起こった一番衝撃的な出来事は、あの国分寺駅の北口の二棟のタワーマンション（シティタワー国分寺 ザ・ツイン ウエスト／イースト）の建設ではないかと思います。この本のスピリットの正反対にあるものだと思います。

三浦　まだ、あまりうまくいってないようですけどね。

陣内　国分寺は、駅の南に崖線があって、そこにお鷹の道があって、武蔵野の片鱗がある場所です。北口も、ちょっと行くと玉川上水があって、鷹の台などがある。すごく武蔵野の面影があっていいところなのに、駅前であんな開発をするのは、ちょっとルール違反だと思いますね。

三浦　まさにそう思います。国分寺らしさが何もない。

陣内　閉鎖的で、コモンズというものの逆のものになっています。先ほど述べた、戦後に良質な郊外住宅地をつくってきたことと、それから、不便でも郊外に引っ越して自分らしい生活空間、コミュニティをつくろうという前述の動きとも、対極にあるんですよね。

日本には都市政策がない

陣内　こんなことが起きてしまう原因として、日本には都市政策がないということがあると思います。それから、専門家の間での議論も足りていない。社会が目指すべき価値観、そのベクトルが見えないし、明示されていないから、みんなで共有できない。その中で、個人個人が自らの最良の選択をしていくという。イタリアを一九七〇年代のはじめからずっとウォッチングしていますが、都市政策や文化政策、スローフード、スローライフ、スローシティのような人々の生き方の価値観の形成など、本当に確実に前進しているんですよね。国の政治は情けないけれど。

三浦　イタリアの場合、リーダーっているんですか？

陣内　一人のリーダーというより、みんなが議論するんですよね。それから、ジャーナリズムがしっかりしています。

三浦　ジャーナリズムの問題は、いまの日本では非常に大きいですね。政治ジャーナリズムも含めて、お手盛り、結論ありきの議論しかないですよね。

陣内　何も説明しないで逃れようとしますよね。それと、ある人が本当にいい政策を取ったとしても、選挙で変わったら戻ってしまう。構築的じゃないから、先へ進まない。砂上の楼閣で、つくったと思ったら、また崩れてしまう。

そういえば、この間、森まゆみさんと対談をしたんですが、面白い話を聞きました。谷中（やなか）には、富士見坂という、唯一富士山が見えた坂があったんですが、マンションの建設で見えなくなりそうということが起こった。それで森さんたちは反対運動をしたんですが、マンションが建ってしまって、本当に富士山が見えなくなったらしいんです。でも、地元の人たちは、一〇〇年たてばマンションは壊すだろうから、あきらめていないと。富士山は永遠にあるだろうし、東京も恐らくまだ続くだろうから、また取り戻すチャンスはくると言っていて。ちょっと非現実的に思えるかもしれませんが、私はその通りだなと思いました。

三浦　すごいですね。超長期的で、ガウディみたい（笑）。

陣内　そんなふうに、その場所の価値をちゃんと人々で共有しているのが、ほんといいなと思います。それで、都市政策がなく、ひどい開発がされたとしても、あきらめない。これは大事だなと思いました。

都市の住宅地化が進むなか、住宅地を複合化する必要がある

三浦　そういえば、この前、国立に行ったんですよ。デザイナーの萩原修さんの実家で「つくし文具店」という文房具店なんです。国立駅からバスに乗って、バス停から歩いて一〇分ぐらいのところにあるんですね。学校帰りに子どもが寄るタイプの店です。四人入れば満員という感じの、小さなお店なんですけど。そこに行ったら、お客さんがほんとに四人いたんです。おそらく遠くからわざわざ来ている。この店は萩原さんが彼なりに引き継いでいて、現代風にしたり、まちづくりの拠点のようにしているのですが、

萩原さんやこのお店のファンという感じの人たちが集まっていてびっくりしました。

陣内　そういうちょっと行きにくいお店も盛況というのは、やっぱりネット社会になって、スマホのGoogleマップで道がわかるというのは大きいでしょうね。

三浦　バスの時間なんかもわかりますしね。

陣内　東京は、世界の他の都市に比べて、道がとてもわかりにくいし、目的地にたどりつけない街だって、ずっと言われていました。ヨーロッパはストリートの名前があって、タクシー運転手に道の名前さえ言えば、すぐ行ける。日本ではそれができないと。

三浦　それがネットで変わりましたよね。店をつくるのが、不便な場所でもいい。

陣内　不便でいいし、むしろ不便なほうがいいのかもしれないです。目的意識を持った人しか来なくていいってことですから。

三浦　いっぱい人が歩いているところにマクドナルドができるのとは違うということですね。そもそも、好きでやる人以外、ものを売る店をやらなくなっています。商店は代替わりできないと、どんどん閉まって、住宅になってしまう。いわば都市の住宅地化が進んでいる。それであとは、首都圏の幹線道路沿いにAmazonの倉庫があればいいみたいになっている。

陣内　日本は、商業活動が活発だったと思うんですよね。人が住んでいくエリアが形成されるためには、それと並行して、商店街というものが本当に必要でした。

三浦　昔の商店の地図を見ると、たとえば、団子屋と煎餅屋はもちろん違うし、団子屋のほかに、白玉屋が別にあったりして、すごく細分化していますよね。だから、たくさんのお店が必要でした。でもいまは、コンビニ一軒で済んじゃう。

陣内　昔は多様でしたね。

三浦　一方で、たとえばいま西荻窪だと、すごいピンポイントを狙った個性的な店が多い。ミース・ファン・デル・ローエが好きな女性がやっているデザインや素材にこだわった雑貨店なんてものがあります。

陣内　そんなこだわりの店がますます増えていますよね。さっきも「複合化」という話をしましたが、これまでだんだん機能や役割が単純化されてきたのが、駅の比較的近くに少しずつまたいろんな種類のお店ができて、複合化されてきている。また落ち着いた住宅地の中にも、人が集まったり、何か発信したりする場所や、商業的な場、あるいはシェアオフィスがあってもいい、というふうになってきています。それを育てるべきだと思いますね。商店街や住宅地、それぞれ場所の条件を活かしながら複合化していって、何でもそろって、そこで面白い日常生活ができて、人とも出会えるし、文化も発信できる。そういう環境づくりの方向が見えてきたような気がします。それを応援したいと思いますね。

（二〇二一年七月八日、西荻窪 okatte にて収録）

参考文献

〈全体〉

貝塚爽平『東京の自然史』紀伊國屋書店、１９７９（講談社学術文庫、２０１１）
陣内秀信『東京の空間人類学』筑摩書房、１９８５（ちくま学芸文庫、１９９２）
中沢新一『アースダイバー』講談社、２００５
鈴木直人・谷口榮・深澤靖幸『遺跡が語る東京の歴史』東京堂出版、２００９
吉田之彦・渡辺晋・樋口州男・武井弘一『東京の道事典』東京堂出版、２００９
中村建治『中央線誕生――甲武鉄道の開業に賭けた挑戦者たち』本の風景社、２００３
三好好三・三宅俊彦・塚本雅啓・山口雅人『中央線　オレンジ色の電車今昔50年』ＪＴＢパブリッシング、２００８
三好好三『中央線　街と駅の１２０年』ＪＴＢパブリッシング、２００９
巴川享則『タイムスリップ中央線』大正出版、２００３
市古夏生・鈴木健一校訂『新訂　江戸名所図会３』ちくま学芸文庫、１９９６
市古夏生・鈴木健一校訂『新訂　江戸名所図会４』ちくま学芸文庫、１９９６

〈中野〉

中野区役所『中野区史　下巻2』1954
中野区民生活史編集委員会『中野区民生活史　第1巻』1982
中野区民生活史編集委員会『中野区民生活史　第2巻』1984
中野文化センター郷土史料室編『なかのものがたり』1982
関利雄『中野区の歴史』名著出版、1979
中野区教育委員会『なかの史跡ガイド』1990
中野区教育委員会『中野の昔話・伝説・世間話』1987
中野区立中央図書館『中野交通ノスタルジィ　PART1』2007
中野区立中央図書館『商店街からたどる〝なかの〟の足跡　PART1』2006
中野区立中央図書館『商店街からたどる〝なかの〟の足跡　PART2』2007
林哲夫『喫茶店の時代』ちくま文庫、2020
中野区立中央図書館「幻のモナミ――東中野に集った文化人」展示資料（中野区立図書館ウェブサイト）、2020
世田谷美術館『世田谷時代1946‐1954の岡本太郎』展図録第二巻、2007
岸恒夫『東中野今昔ものがたり』東中野地域センター、2006

〈杉並〉

杉並区教育委員会『杉並の通称地名』（文化財シリーズ37）、1992
森泰樹『杉並区史探訪』杉並郷土史会、1974
杉並区役所『新修杉並区史』（上・中・下）、1982
法政大学陣内研究室『東京　郊外の地域学――日常的な風景から歴史を読む』1999
小川信『中世都市「府中」の展開』思文閣出版、2001
杉並区立郷土博物館『杉並区立郷土博物館　常設展示図録』1990
杉並区立郷土博物館『将軍家の台所　杉並の村――近世と近代の村の古文書』1996
杉並区立郷土博物館『江戸のごみ　東京のごみ――杉並から見た廃棄物処理の社会史』1997
杉並区立郷土博物館『杉並の地形地質と水環境のうつりかわり』2007
杉並区立郷土博物館『将軍家の鷹場と杉並』2011
三浦展編著『奇跡の団地　阿佐ヶ谷住宅』王国社、2010
荻窪圭『東京古道散歩』中経出版（中経文庫）、2010

〈国分寺・府中・武蔵野〉

国分寺市史編さん委員会『国分寺市史　上巻』1986
国分寺市史編さん委員会『国分寺市史　中巻』1990

国分寺市史編さん委員会『国分寺市史　下巻』1991
国分寺市史編さん委員会・ふるさと文化財課『ふるさと国分寺のあゆみ』1993
国分寺市教育委員会ふるさと文化財課『見学ガイド　武蔵国分寺のはなし』2010
国分寺市教育委員会『国分寺市有形文化財調査報告書1　神社・寺院』2007
須田勉・佐藤信『国分寺の創建　思想・制度編』吉川弘文館、2011
府中市史編さん委員会『府中市史　上巻』1979
府中市史編さん委員会『府中市史　中巻』1979
府中市史編さん委員会『府中市史　下巻』1979
府中市教育委員会生涯学習部生涯学習課文化財担当『新版　府中市の歴史　武蔵国府のまち』2006
猿渡盛厚『武蔵府中物語』大国魂神社社務所、1963
府中市『府中の風土誌』1967
府中市教育委員会『大国魂神社の太鼓とそれをめぐる習俗　武蔵府中・暗闇祭と町方と講中　第2巻』1983
府中文化振興財団府中市郷土の森博物館『武蔵の国府と国分寺　府中市郷土の森博物館ブックレット4』2003
府中文化振興財団府中市郷土の森博物館『武蔵府中くらやみ祭　府中市郷土の森博物館ブックレット5』2004

府中文化振興財団府中市郷土の森博物館『古代武蔵国府　府中市郷土の森博物館ブックレット6』2005
たましん歴史史料室『多摩のあゆみ　第一〇三号　特集　国府・国分寺・東山道』2001
府中市教育委員会・国分寺市教育委員会『古代武蔵の国府・国分寺を掘る』学生社、2006
新井勝紘・松本三喜夫『多摩と甲州道中　街道の日本史18』吉川弘文館、2003
法政大学陣内研究室『東京　郊外の地域学――日常的な風景から歴史を読む』1999
矢嶋仁吉『武蔵野の集落』古今書院、1954
樋口忠彦『郊外の風景　江戸から東京へ』教育出版、2000
国木田独歩『武蔵野』岩波文庫（改版）、岩波書店、2006
大岡昇平『武蔵野夫人』新潮文庫（改版）、新潮社、1953

〈日野〉

日野町役場編『日野町誌』1955
日野市史編さん委員会『日野市史　通史編一　自然・原始・古代』1988
日野市史編さん委員会『日野市史　通史編二（上）中世編』1994
日野市史編さん委員会『日野市史　通史編二（中）近世編（一）』1995

日野市史編さん委員会『日野市史　通史編二（下）近世編（二）』１９９２
日野市史編さん委員会『日野市史　通史編三　近代（一）』１９８７
日野市史編さん委員会『日野市史　通史編四　近代（二）現代』１９９８
日野市史編さん委員会『日野市史　民俗編』１９８３
日野市ふるさと博物館『市制40周年記念企画展　大工場がやってきた――産業で振り返る日野の昭和・平成』２００３
山崎弘編『日野市の古民家』日野市教育委員会、２０００
峰岸純夫監修『図説　八王子・日野の歴史』郷土出版社、２００７
法政大学エコ地域デザイン研究所編『水の郷　日野　農ある風景の価値とその継承』鹿島出版会、２０１０
日野の昭和史を綴る会『日野市旧桑田村の地名　豊田・川辺堀之内・上田・宮・下田・万願寺・新井・石田』２０１２

執筆者紹介

陣内秀信（じんない・ひでのぶ）
1947年生まれ。法政大学特任教授（建築史・都市史）・中央区立郷土資料館館長。イタリアを中心に地中海世界の都市研究・調査を行い、また江戸東京学の牽引者でもある。『東京の空間人類学』（1985年）でサントリー学芸賞を受賞。近著に『水都東京』（ちくま新書）などがある。NHK「ブラタモリ」など、テレビ出演も多い。

三浦 展（みうら・あつし）
1958年生まれ。社会デザイン研究者。カルチャースタディーズ研究所代表。家族、若者、消費、都市、郊外などを研究。著書に『花街の引力』（清談社 Publico）、『昭和の東京郊外 住宅開発秘史』（光文社新書）、『都心集中の真実』（ちくま新書）、『下町はなぜ人を惹きつけるのか？』（光文社新書）など、編著書に『再考 ファスト風土化する日本』（光文社新書）、『ニュータウンに住み続ける』（而立書房）などがある。

五木田勉（ごきた・つとむ）
1962年生まれ。（株）リクルート退社後、フリーの文章制作家になる。雑誌の記事制作で三浦展氏の取材を担当した縁で、今回のプロジェクトに参加。著書に『やる気スイッチはいつ入る？』（学研パブリッシング）、『自分が好きになっていく』（共著、アリス館）がある。

柳瀬有志（やなせ・ゆうじ）
1969年生まれ。法政大学大学院工学研究科修士課程修了。株式会社アルテップ所属。著書に『図録／豊かな水と緑、暮らしを育んだ国分寺崖線』（共著、法政大学大学院エコ地域デザイン研究所）、『地中海の聖なる島　サルデーニャ』（共著、山川出版社）、『東京　郊外の地域学』（共著、法政大学陣内研究室）など。

根岸博之（ねぎし・ひろゆき）
1985年生まれ。（公財）練馬区文化振興協会職員。法政大学大学院工学研究科修士課程修了。著書に『楽々建築・楽々都市』（共著、技報堂出版）、『水の都市江戸・東京』（共著、講談社）などがある。東京都現代美術館「まちのキオク編集会議　現代版江戸名所図会〜現美界隈編」や千代田区内の小学校でのワークショップなど、都市の歴史や建築をテーマとした大人・子ども向けワークショップを多数企画。

井上倫子（いのうえ・みちこ）
1987年生まれ。大阪芸術大学芸術学部建築学科卒業。法政大学大学院デザイン工学研究科建築学専攻修士課程修了。府中・国分寺のまち構造について研究した。現在、編集者。

篠井満夫（ささい・みつお）
1988年生まれ。法政大学大学院デザイン工学研究科建築学専攻修士課程修了。東京西部の近代開発を中心に研究した。現在、不動産関連企業に勤務。

石渡雄士（いしわた・ゆうし）
1977年生まれ。法政大学大学院工学研究科博士後期課程満期退学。博士（工学）。秋田公立美術大学准教授、法政大学エコ地域デザイン研究センター客員研究員。著書に『水の郷日野　農ある風景の価値とその継承』（共著、鹿島出版会）、『水都学Ⅳ　特集水都学の方法を探って』（共著、法政大学出版会）など。法政大学エコ地域デザイン研究所日野プロジェクトのメンバーとして、日野市と連携した「水の郷日野地域再生協力事業」などの研究活動に関わる。

地図　深澤晃平・杉浦貴美子
写真　鈴木知之・陣内秀信・三浦 展・五木田勉・石渡雄士
口絵・部扉・章扉デザイン　五十嵐哲夫
口絵扉イラスト　座二郎

本書は、『東京人』（都市出版）連載「中央線がなかった時代」（二〇一二年四月号～九月号）をもとにし二〇一二年十二月に刊行された『中央線がなかったら　見えてくる東京の古層』（ＮＴＴ出版）を増補し、文庫化したものです。

路上観察学入門　赤瀬川原平／藤森照信／南伸坊編

マンホール、煙突、看板、貼り紙……路上から観察できる森羅万象を対象に、街の隠された表情を読みとる方法を伝授する。（とり・みき）

建築探偵の冒険・東京篇　藤森照信

街を歩きまわり、古い建物、変わった建物を発見し調査する〝東京建築探偵団〟の主唱者による、建築をめぐる不思議で面白い話の数々。（山下洋輔）

建築の大転換 増補版　伊東豊雄／中沢新一

いま建築に何ができるか。震災復興、地方再生、エネルギー改革などの大問題を、第一人者たちが説き尽くす。新国立競技場への提言を増補した決定版！

増補版 天下無双の建築学入門　藤森照信

自然の中で暮らしていた人間はいつから「家」を建てて住むようになったのか。家の歴史を辿り、柱とは？ 屋根とは？ など基本構造から説く建築入門。

驚嘆！ セルフビルド建築 沢田マンションの冒険　加賀谷哲朗

比類なき巨大セルフビルド建築、沢マンの全魅力！ 4階に釣堀、5階に水田、屋上に自家製クレーンも！ 帯文＝奈良美智（初見学、岡啓輔）

考現学入門　今和次郎　藤森照信編

震災復興後の東京で、都市や風俗への観察・採集からはじまった〈考現学〉。その雑学の楽しさを満載し、新編集でここに再現。（藤森照信）

喫茶店の時代　林哲夫

人々が飲み物を楽しみ語り合う場所はどのようにして生まれたのか。コーヒーや茶の歴史、そして作家や文化人が集ったあの店この店を探る。（内堀弘）

間取りの手帖 remix　佐藤和歌子

世の中にこんな奇妙な部屋が存在するとは！ 間取りと一言コメント。文庫化に当たり、間取りとコラムを追加し著者自身が再編集。（南伸坊）

普段着の住宅術　中村好文

住む人の暮らしにしっくりとなじむ、居心地のよい住まいを一緒に考えよう。暮らす豊かさの滋味を味わう建築書の名著、大幅加筆の文庫で登場。

TOKYO STYLE　都築響一

小さい部屋が、わが宇宙。ごちゃごちゃと、しかし快適に暮らす、僕らの本当のトウキョウ・スタイルはこんなものだ！ 話題の写真集文庫化！

東京骨灰紀行　小沢信男
両国、谷中、千住……アスファルトの下、累々と埋もれる無数の骨灰をめぐり、忘れられた江戸・東京の記憶を掘り起こす鎮魂行。（黒川創）

玉の井という街があった　前田豊
永井荷風「濹東綺譚」に描かれた私娼窟・玉の井。しかし、その実態は知られていない。同時代を過ごした著者による、貴重な記録である。（井上理津子）

吉原はこんな所でございました　福田利子
三歳で吉原・松葉屋の養女になった少女の半生を通して語られる、遊廓「吉原」の情緒と華やぎ、そして盛衰の記録。（阿木翁助　猿若清三郎）

東京路地裏暮景色　なぎら健壱
東京の街を歩き酒場の扉を開けば、あの頃の記憶と夢が蘇り、今の風景と交錯する。新宿、深川、銀座、浅草……文と写真で綴る私的東京町歩き。

東京ひがし案内　森まゆみ・文　内澤旬子・イラスト
庭園、建築、旨い食べ物といっても東京の東地区は年季が入っている。日暮里、三河島、三ノ輪など38箇所を緻密なイラストと地図でご案内。

すみだ川気まま絵図　松本哉
隅田川とそこにかかる橋の個性溢れる魅力を、東京下町に詳しい著者が身振り手振りでご紹介。イラスト満載。帯文＝山田五郎（小沢信男／松本哉）

小説　浅草案内　半村良
バブル直前の昭和の浅草。そこに引っ越してきた独り暮らしの作家。地元の人々との交流、風物、人情の機微を虚実織り交ぜて描く。（いとうせいこう）

私の東京地図　小林信彦
オリンピック、バブル、再開発で目まぐるしく変わる東京だが、街を歩けば懐かしい風景に出会う。今と昔の東京が交錯するエッセイ集。（えのきどいちろう）

東京の戦争　吉村昭
東京初空襲の米軍機に遭遇した話、寄席に通った話。少年の目に映った戦時下・戦後の庶民生活を活き活きと描く珠玉の回想記。（小林信彦）

消えゆく横丁　藤木TDC・文　イシワタフミアキ・写真
昭和と平成の激動の時代を背景に全国各地から消えていった、あるいは消えつつある横丁の生と死を、貴重写真とともに綴った渾身の記録。

ちくま文庫

中央線がなかったら　見えてくる東京の古層

二〇二二年一月十日　第一刷発行
二〇二四年七月二十日　第三刷発行

編著者　陣内秀信（じんない・ひでのぶ）
　　　　三浦展（みうら・あつし）
発行者　増田健史
発行所　株式会社　筑摩書房
　　　　東京都台東区蔵前二―五―三　〒一一一―八七五五
　　　　電話番号　〇三―五六八七―二六〇一（代表）
装幀者　安野光雅
印刷所　三松堂印刷株式会社
製本所　三松堂印刷株式会社

ISBN978-4-480-43788-4　C0125